社會運動的博弈論分析

——1989年中國學生運動的意外結局

鄧方
—著—

前言

「我們走的路是否正確？」我們在開車的時候經常會問這樣的問題。當建設我們的社會時，例如：當我們創立社會規範和價值觀（Norms and Social Values），宣導以某種社會分層（Status Distributions）為基礎的社會結構，或者應對各種社會衝突（Social Conflict）時，我們也會問這樣的問題：「我們是在朝著我們的目標前進嗎？」如果我們迷路了，就會出現各種預想不到的結果。今天，由於數位技術的發展，我們用上了GPS導航，由此可以順利抵達我們的目的地。但是，在我們建設一個更完美的社會時，怎樣選擇正確的道路呢？我們需要一種「社會GPS導航」，而社會學家的使命就是提供「社會GPS導航」。毫無疑問，這是一項極其複雜的工作，寫這本書的目的是試圖創造一種化解社會衝突的「社會GPS導航」。

這是一本研究「社會運動」的書，它的獨特之處在於把「社會運動」和「反社會運動」作為一個社會系統（Social System）的兩個對立面，並著重研究這個社會系統所具有的各種特徵以及由此而產生的後果。例如：1989年中國北京的學生運動，「學生」和作為「反對學生運動」的「中國政府」就是這樣的兩個對立面，這兩個對立面構成了一個新的

社會系統。本書中的研究表明，這一系統具有四個特點：（1）當社會運動興起之時，政府方面的任何「威脅與恫嚇」（Official Threat）都是徒勞無功的，社會運動參與者無視威脅的繼續抵抗（Anti-Threat Resistance）將肯定發生。（2）在社會運動的發展過程中，政府採取的策略通常是「次優」策略（Sub-Optimal Strategies）。（3）如果運動參與者在選擇策略時只關注眼前利益（Short-Term Gain），則必將招致長遠利益的重大損失（Long-Term Loss）。（4）政府策略的後續效應，使得學生和政府之間的信息傳遞出現無法彌補的斷裂（Information Gap）。1989年，天安門廣場的悲劇是怎樣產生的？上述社會系統具有的四項特徵正是這一悲劇產生的必要和充分條件（A Necessary and Sufficient Condition）。如果歷史在不久的將來重現，如果無論「學生運動」還是「政府」，希望避免1989年的悲劇，唯一的辦法是正確認識和理解上述社會系統所具有的四項特徵。

汽車導航儀的出現是以數位技術（Digital Technology）為基礎的。於此同理，缺乏適當的研究方法便無法深入理解任何社會運動和社會系統的運行。這本書在研究方法上有所突破，它採用了博弈論（Game Theory）來研究1989年的中國學生運動。在分析學生和政府之間的策略選擇互動時，「非合作性博弈中的均衡分析理論」（The Analysis of Equilibrium in the Theory of Non-Cooperative Games）是一種極其有用的分析工具。尤其重要的是，使用這種研究方法，我們可以把「時間」（The Element of Time）以及「可獲取

的信息」（The Availability of Information）這些概念引進社會運動的研究領域，並進一步關注它們對社會運動結果會產生哪些影響。在這個意義上，博弈論的應用對於現存的研究方法是一種補充，它可以幫助我們更為深刻地理解作為一個社會系統存在的社會運動是怎樣發展變化的。

目次

前言		003
第一章	社會運動的意料之外的結果	011
第一節	1989年中國學生運動的意料之外的結果	012
第二節	為什麼學者們否認天安門慘案是意料之外的結局？	026
第三節	從理性出發，主觀能動地建設新社會	035
第四節	應用博弈論（Game Theory）的優越性	045
第五節	一個重要的假設（Assumption）	050
第六節	社會運動和政府之間的互動理論（A Theory of Interaction）	053
第二章	1989年中國學生民主運動簡要歷史（自1989年4月15日至1989年6月4日）	059
第三章	政府威脅學生 結果適得其反：一個具有不完整信息的博弈論模型（A Game with Incomplete Information）	109
第一節	選擇最優策略的互動結構（Preference Structure）：雙方互動的機制	110
第二節	描述社會運動發展的一個理論模型（A Model of Theory）	113
第三節	私密信息和一個經過修正的「選擇最優策略的互動結構」	124
第四節	具有不完整信息的博弈論模型（A Game with Incomplete Information）	132

第五節　本章結論　147

第四章　政府的次優選擇（Sub-Optimal Strategies）：
　　　　一個具有雙層結構的博弈論模型（A Two-Level Game）153
　　第一節　一個具有雙層結構的博弈論模型
　　　　　　（A Two-Level Game）　155
　　第二節　在具有雙層結構的博弈論模型中選擇策略
　　　　　　的複雜性　165
　　第三節　在兩個不同的博弈論模型之間進行調和
　　　　　　（Consistency）的強烈動機　168
　　第四節　次優策略（Sub-Optimal Strategies）：
　　　　　　對普特曼理論的補充　171
　　第五節　政府選擇次優策略對社會運動產生的重要影響　177
　　第六節　本章結論　179

第五章　社會運動參與者眼前利益和長遠利益的權衡取捨
　　　　（Tradeoff）：重複性博弈論模型（Repeated Game）
　　　　的動態特徵（Dynamics）　183
　　第一節　社會運動參與者在重複博弈過程中改變了
　　　　　　他們的信念和判斷：他們認為政府進行
　　　　　　武力鎮壓的可能性越來越小　189
　　第二節　社會運動參與者的報酬X_3，
　　　　　　在重複博弈過程中不斷增加　199
　　第三節　社會運動參與者的報酬X_2，
　　　　　　在重複博弈過程中保持不變　206
　　第四節　政府選擇次優策略
　　　　　　（The Sub-Optimal Strategy）的
　　　　　　可能性逐漸減少　208

　　　　第五節　運動參與者的選擇：
　　　　　　　追求眼前利益，喪失長遠利益？
　　　　　　　放棄眼前利益，追求長遠利益？　　　217
　　　　第六節　本章結論　　　　　　　　　　　　222

第六章　信息斷裂（Information Gap）及流血衝突：最後的博弈　227
　　　　第一節　政府重複選擇「威脅」策略：
　　　　　　　這些策略是相互聯繫的還是相互獨立的？　230
　　　　第二節　政府的利益：追求眼前觸手可及的利益？
　　　　　　　還是關注未來尚未確定的利益？　　　235
　　　　第三節　運動參與者作出正確判斷的依據：
　　　　　　　僅僅根據以往的經驗或者根據經驗
　　　　　　　以及對當前形勢的正確判斷　　　　　244
　　　　第四節　本章結論　　　　　　　　　　　　248

第七章　社會運動發展的不變規律　　　　　　　　　252
　　　　第一節　社會運動發展的不變規律高於「權力」　254
　　　　第二節　社會運動發展的不變規律始於「理性」　254

附錄（Appendix）　　　　　　　　　　　　　　　258

參考文獻（Bibliography）　　　　　　　　　　　262

第一章
社會運動的意料之外的結果

　　1989年,有兩張照片在世界範圍內廣為流傳,引人注目。其中一張照片中,數以千計的德國人站在柏林牆上歡呼雀躍,慶祝德國的重新統一。在另一張照片中,坦克車在北京天安門廣場上轟隆作響,一名中國青年,孤身一人,沒有絲毫畏懼地站在一輛坦克車前,舉起雙手,阻擋坦克車的行進。兩張照片似乎代表了兩個水火不容的世界。

　　二十世紀八十年代末九十年代初,當世界為共產主義制度在前蘇聯和其他東歐國家的崩潰而歡呼時,中國政府由於對北京學生運動的鎮壓,遭到了世界輿論的譴責。從那時起,上面提到的兩張照片便成為一種標誌。德國統一那張代表民主,另一張則是極權和反對民主的代表。很長時間以來,人們已經習慣用「民主—反民主」這樣簡單和抽象的概念對國家的政權性質進行分類,但現實,特別是二十世紀末以來發生在中國的一切卻比這種簡單的分類複雜得多。

　　當人們用上面兩張照片解釋發生在1989年的兩起重大歷史事件時,天安門廣場上學生運動的許多特點和詳情都被忽視了,以至於人們無從瞭解事實真相。歲月蹉跎,三十多年過去了,但我們仍有必要瞭解歷史真相。只有準確地瞭解

歷史，我們才能正確地理解今天的中國。對此，斯諾，索爾和克裡斯（Snow, Soule 和 Kries）曾經說過：「在今天的世界上，社會運動以及相應的各種活動已經成為第五產業。因此，為了瞭解我們的社會，我們必須盡力去理解社會運動以及相應的各種活動」（2004，第3頁）。

在這本書裡，我要講述照片裡的故事，更為重要的是要討論天安門廣場學生運動所展示的各種特徵及其重要啟示。

第一節　1989年中國學生運動的意料之外的結果

首先，這裡有一個至關重要的問題。1989年6月發生在北京天安門的慘案，對於學生和政府而言，是一種意料之內的結果，還是一種出乎意料的結局？如果對於學生和政府這都是一種預料之中的結果，為什麼中國政府要屠殺人民？為什麼參與這一運動的學生們甘願被屠殺？如果這種結果只對一方是意料之內的，而另一方從未期待過這種結果，那後者為什麼不能採取相應的行動，避免慘案的發生？如果對於雙方而言，慘案的發生都是出乎意料的，為什麼會出現這種意外的結果？認真地思考這些問題十分重要，因為只有看清歷史，才能避免這種悲劇在未來再次發生。

為了正確回答這一問題，即1989年6月發生在北京天安門的慘案，對於學生和政府而言，是一種意料之內的結果，還是一種出乎意料的結局？我們需要根據學生和政府兩個方面分別討論。

首先來看學生一方。1989年6月發生在北京的慘案,對學生來說,是意料之內的結果嗎?事實上,這一結果完全出乎他們的意料。當時,參加學生運動的大多數人,都是中國名牌大學的學生。他們對未來充滿信心,憧憬著各種前所未有的機會和光明的未來。當整個世界充滿景仰地觀看著他們為了中國的民主而勇敢地戰鬥之時,這些學生從來沒有認為他們的行動是危險的,即使在中國政府頒佈「戒嚴法」之後,沒有學生相信「人民的軍隊會向人民開槍」。

當時有不少來自國外的目擊者,在1989年5月的北京,他們親身體驗了參加運動的青年學生所洋溢著的樂觀精神。根據「中國日報」(在中國出版的最重要的一份英文報紙)的報導,當學生們在天安門廣場開始絕食後,超過一百萬人走上了北京街頭,聲援並支持學生。北京的外國商人們感到學生運動的發展震撼人心,他們開始擔心局勢的惡化。5月17日,日本電信電話株式會社(Nippon Telegraph and Telephone Corporation)駐北京代表處的副主任告訴中國日報的記者,他和他的同事們最初感到非常緊張,但是後來他們發現,大街上遊行的人們個個喜氣洋洋,所以他們的恐懼也隨之消失了(中國日報,1989年5月18日)。

著名的美國芝加哥大學政治學教授鄒讜(Tang Tsou)在他1992年的論文中,專門解釋了在戒嚴令發佈以後,為什麼學生們仍然不願意從天安門廣場撤退:「當時,幾乎所有的人都有一個共同的信念:人民的軍隊絕對不會把槍口對準人民。這種信念來自何人?為什麼這種信念能夠傳播得如此

廣泛?看來我們永遠也不可能知道答案。但是,這是一個事實:幾乎所有的學生和北京市民都毫不懷疑地認為,軍隊是『人民的軍隊』,人民的軍隊絕對不會服從任何傷害人民的命令」(1992,第313頁)。

一位加拿大學者布魯克,蒂莫西(Brook, Timothy)曾經描述了廣場上的屠殺發生以後,整個北京充滿了震驚:「使人們感到震驚的不僅是學生死於暴力鎮壓這一結果,而且是軍事鎮壓這一行動本身,這一事件的發生完全出乎人們的意料」(1998,第5頁)。「人們感到最為驚訝的是『真的開槍了』」(1998,第10頁)。布魯克特別解釋了為什麼人們有這樣的反應:「中國的經濟改革進行了十年,政治上的自由化進展緩慢,但持續前行。這一切都促使人們相信,在五十年代和六十年代曾經發生的嚴酷的政治現實─清算地主,百花齊放,百家爭鳴,反右鬥爭,大躍進,文化大革命─都已經成為中國的歷史。在中國,任何人都知道,即使經歷了一次又一次嚴酷的政治運動,命令軍隊鎮壓老百姓的事件從未有過。僅有的一次事件,發生在文化大革命的貴州省,當地的一位指揮員命令他的軍隊向紅衛兵開槍。但這是只發生了一次的孤立事件,和中央政府完全沒有關係。事發以後,這名指揮員受到嚴厲處分。鑒於這樣的歷史,在1989年,誰能相信會發生這樣的鎮壓行動?」(1998,第5頁)

1989年6月3號下午,鎮壓行動開始前的幾個小時,北京的「聯合指揮部」(the Joint Federation of All Circles 其中包括參與運動的各方領導人)召集了一次重要會議,討論當

前的局勢。在這次會議中，大家一致同意形勢的發展不容樂觀，但是沒有任何人認為政府會運用武力鎮壓學生運動。

布魯克在他的書中描述道：「一位北京師範大學的研究生回憶星期天淩晨的情景，他和他的朋友們『認為即將到來的最壞的可能性是大規模的逮捕學生領袖』。至於屠殺，那是他們從未想到過的。另一位北京師範大學的學生，在那天晚上，有著同樣的猜測。『我們感覺到那天晚上要出事。可能軍隊要進城，可能會使用催淚彈。軍隊可能會粗暴地對待廣場上的學生，甚至逮捕他們，把他們投入監獄。但是我們從來沒有想到軍隊會開槍』」（1998，第197頁）。

1989年6月3號，晚上十點半，武力鎮壓在北京首蓓地首先開始，那是在北京西長安街上的一個路口，距離天安門廣場還有幾公里。就在同一時刻，天安門廣場上一片和平景象。「民主大學」正在廣場上舉行開學典禮，這是學生們自己創立的一所大學。學生們聚集在廣場上，群情高昂。當時聚在一起的有十多萬人。他們當中的許多人都預感到政府正在考慮採用某些新的手段實施戒嚴法。但是他們認為，政府很難找到任何行之有效的辦法。因為戒嚴法雖然在5月20號就開始實施了，但是一點作用都沒有。然而出乎所有人的意料之外，當人們正在廣場上慶祝「民主大學」誕生之時，幾公里之外，武裝鎮壓已經開始了。

軍隊從西長安街進入天安門廣場，首蓓地是必經之地。那裡聚集了成百上千的群眾，其中還有孕婦和十幾歲的女孩子們。人們只有一個目的：攔住軍車，不要讓軍隊進入天安

門廣場。槍聲就在耳邊響起,可是人們仍然不相信武力鎮壓已經開始了。他們中的大多數認為,那是軍隊為了驅散人群使用的橡皮子彈。無辜的學生和市民在槍聲中倒在了血泊中,直到生命的最後一刻,他們仍然堅信人民的軍隊是不會傷害他們的。

綜上所述,所有文獻和相應的證據都清楚地表明,參與民主運動的學生和北京市民從未想到最後的結局竟然是政府使用武力鎮壓學生運動。

下面我們再看看政府方面,對於中國政府,使用武力鎮壓學生運動是預期的結局嗎?鄒讜研究了政府高級官員和學生代表在1989年5月進行的一系列對話,他認為軍事鎮壓並非是中國政府的初衷:「中國政府指定了兩名高級官員和學生代表進行對話,其中一位是共產黨內的高級官員,另一位是政府高級官員。舉行這種級別的對話,事實上已經承認政府開始從4月26號的社論後退,承認學生運動。沒有任何跡象表明政府有鎮壓學生運動的意圖」(1992,第306頁)。

4月26號的社論是刊載在中國共產黨機關報,「人民日報」,的社論。這篇社論把學生運動描繪成一場「有計劃的預謀」及「動亂」。

與鄒讜相反,布魯克‧蒂莫西(Brook, Timothy)認為,對於中國政府而言,「武力鎮壓是一種預期的結果」(布魯克,1998,第196頁)。他提出了三種證據,然而,這三項證據都是站不住腳的,以下我將逐一批駁他的這些證據。

第一項證據，布魯克根據鄧小平的公開講話進行推理：「當鄧小平6月9號在電視講話中表揚實施戒嚴法的軍事指揮員時，他堅信武力鎮壓沒有改變中國政府的基本改革進程。……鄧顯然擔心國際社會對武裝衝突的激烈反應。他說：『這場暴風雨或遲或早是要發生的，我們要面對的只是時間的早晚和規模的大小。』作為全面控制中國政府和中國軍隊的強硬領導人，他的遣辭用語顯示了充分的自信心。他的講話同時表明，在他看來，民主運動和武裝鎮壓的結局都是不可避免的。……鄧的公開講話可能不過是所有的共產黨高級領導人都會遵循的一種格式；即便如此，我們從中瞭解到，軍事鎮壓的確是中國政府的意願。鄧沒有表現出任何悔悟之意，他期望我們明白所發生的一切都在計畫之中」（1998，第196頁）。

鄧小平的講話的確清楚地表明，中國政府一直有效地掌控著局勢，整個事件的發展都在計畫之中。但是，我們不能僅僅以他的公開講話作為證據來探討這樣的結局對於中國政府而言是否是一種預想的結局。原因很簡單，在中國，人所共知的常識是：「政府從來不會公開認錯」（鄒讜，1992，第306頁）。如果鄧小平在公開講話中表示，武裝鎮壓並非是政府的意願，這便意味著，他本人，作為集所有權力於一身的決策者，必定在戰略或策略上犯了嚴重錯誤。在中國，沒有任何人期待鄧小平或是其他國家領導人公開承認他們的錯誤，也沒有任何人期待他們有任何悔悟的表現。布魯格混淆了鄧小平作為政治家的一種表態與作為決策者的實際策略

抉擇,因此,布魯格的第一個證據站不住腳。

　　布魯克的第二個證據是軍隊方面的準備:「毫無疑問,這是一次大規模的軍事行動,至少調集了十五萬士兵以及相應的軍事裝備,僅此一點,也能夠證明事先所進行的周密計畫。調集外地部隊進入北京軍區的第一道命令是在4月25日之前簽發的。五月初,軍隊內部取消了休假。參與武裝鎮壓的軍事人員中,大約有三分之二在5月19日以前就進入了戰位。毫不誇張地說,鄧小平從一開始就認為武力解決是最好的結局。他的這一想法始終沒有改變」(1998,第197頁)。

　　不能否認,中國政府的確準備以軍隊介入以阻撓民主運動。但是,這一計畫從4月25日到6月3日,整整推遲了三十八天。這是為什麼?當我們探討政府的意願時,三十八天的推遲反映了政府什麼樣的意願?其實布魯克自己的意見是前後矛盾的,因為他曾經認為,中國政府期望以非軍事手段解決與學生運動的衝突。布魯克曾經指出:「推遲採用武力解決的手段表明中國政府試圖首先採用和平手段處理因學生運動引發的衝突。與此同時,似乎政府有一種暗示,如果政治手段失敗了,武力解決將緊隨其後」(1998,第197頁)。

　　在推遲採用武力解決的三十八天中,中國政府一次又一次地威脅學生,但只要學生一旦反抗,政府立即退縮不前。例如:1989年4月26日,中國政府通過中國共產黨機關報,「人民日報」,發表社論,指出政府不會再容忍學生的示威活動。社論中使用了「動亂」之類的字眼,表明政府有合法理由採取一切必要的手段鎮壓民主運動。4月27日,學生不

顧政府的威脅，走上北京街頭繼續示威遊行，沿途有二十多萬人圍觀並聲援學生。當學生的遊行隊伍向天安門行進時，遇到了一道又一道由武裝員警組成的防線，但是沒有任何衝突事件發生，因為所有的武裝員警在學生面前都主動撤銷了他們的防線。4月27日之後，中國政府接受了學生們提出的對話要求。從4月27號到5月20號頒佈戒嚴令，政府和學生代表的對話一共進行了七次，北京的新聞工作者也參加了對話。這些事實清楚地表明，中國政府期望採用政治手段解決衝突，以避免任何流血事件的發生。

相同的局面繼續重演。5月20日，中國政府頒佈了戒嚴令，同時在市內部署了數千名士兵以及運載他們的卡車和坦克等裝備。一百多萬北京市民，包括學生，走上街頭，抗議政府實施戒嚴法。政府隨即命令士兵和坦克撤退。在那之後，北京居民自發地組織起來，他們在進入北京的各個主要公路入口設置了路障，期望用這種方法阻止軍隊進入城市。從5月20號到6月2號的十四天內，士兵們，各種軍車和坦克全都聚集在北京近郊，隨時待命。在這期間，學生和士兵之間沒有發生任何衝突。這一切都清楚地表明政府力圖避免流血衝突。6月的北京，天氣炎熱，士兵們忍著酷暑，一天又一天，坐在悶熱的軍車裡待命。由於交通阻塞，軍隊無法保證食物和飲用水的供應，北京市民們便自發地給士兵們送上在家裡準備的食物：麵包，稀飯，炒菜和食用水。5月23日，有些部隊奉命撤離北京。一切跡象都在表明，所謂武力鎮壓的威脅已經不復存在。

5月27號，在「北京學生運動聯合指揮部」（The Joint Federation of All Circle in Beijing）召集的會議上，參加會議的民主運動的所有領導人以投票方式一致通過了一項決議：即組織一次大規模的示威遊行，慶祝學生運動的勝利，然後於5月30號從天安門廣場撤出。按照這一計畫，由學生發起的民主運動將以和平的方式圓滿結束。遺憾的是，「天安門廣場總指揮部」（The General Headquarters of Tiananmen Square）的學生領導人很快就改變了主意（第五章將詳細討論），使得原有計劃未能實行。所有的證據都表明，儘管中國政府進行了以武力解決衝突的準備，但在動用武力之前，曾經盡一切努力避免流血衝突。

　　布魯克提供的最後一種證據是「武力鎮壓」這一行動本身，他以此表明，對於政府而言，軍事解決是一種預期的結果。「向學生開火的命令一旦下達，這種攻擊的肆虐便釋放出一種信息，即暴力和平民的傷亡都是一種預期的結果。在這個世界上沒有任何一個政府，如果沒有使用暴力的意圖，會在一個城市裡部署數萬名戰鬥部隊。用AK-47瞄準手無寸鐵的平民則必然導致悲劇的發生」（1998，第199頁）。

　　意願與行動不能混為一談，不同的意願有可能產生同樣的行動。我們必須對行動的前因後果進行具體分析，否則，簡單地在行動和意願之間劃等號可能導致南轅北轍。

　　1989年6月3日下午，武力鎮壓開始前的幾個小時，戒嚴部隊總指揮部和北京市政府聯合發出公告：「目前北京的局勢非常嚴重。更為嚴重的暴亂隨時可能發生。從現在開始，

請不要上街，不要前往天安門廣場」（中國日報，1989年6月4日）。晚上6:30，武力鎮壓開始之前，所有政府控制的無線電臺和電視臺在全城範圍內反復播放上述公告，警告市民不要外出，否則，「一切後果自行負責」（中國日報，1989年6月4日）。這一切清楚地表明：儘管最高決策人最終決定採用武力鎮壓學生運動，政府仍然在盡一切努力縮小傷亡範圍。

6月3號晚上10:30，武力鎮壓在距離天安門廣場數公里之外的苜蓿地開始了。有許多證據表明，在那天晚上，政府完全沒有預料到武力鎮壓不幸成真。

「一名外國記者認為，注意星期天早上8:00的電視早間新聞是如何報導這一慘案的，便可以得知，在什麼程度上，這次武裝鎮壓是精心策劃的。星期天的早間新聞是這樣報導的：『沒有任何圖片，只有新聞報導。播音員身著黑色制服（那天晚些時候，黑色成為被禁止的顏色）。播音員表情沉重，難以抑制心中的悲痛。他們的面孔只在鏡頭前停留了很短的時間，後來就只有聲音了。我不能理解為什麼電視新聞中沒有任何實況影像。如果武力鎮壓是中國政府計畫之中的，電視新聞應該有記錄整個事件的影像，播放新聞的也應當是軍事記者。關於武裝鎮壓的第一次報導是極其重要的，但是，他們把事情整個給搞砸了。』醫院方面在搶救傷亡人員時，也顯得毫無準備。所有這一切都證明那天晚上整個暴力衝突的規模之大，遠遠超出政府的預料」（布魯克，1998，第198-199頁）。

6月4日清晨1:30，軍隊終於到達了天安門廣場，並立即包圍了廣場。當時有數千名學生滯留在廣場上，還有4名數天前開始在廣場上絕食的知識份子。清晨3:30，4名知識份子中的2人，作為代表，就如何保證學生平安撤出廣場的問題和軍隊開始談判。軍方接受了代表們提出的要求，允許學生和平撤離。這表明當時中國政府極不情願把事態擴大化，不願意再發生更多的流血衝突。

總而言之，儘管整個世界將永遠懷念那些為了中國的民主而獻出了自己生命的青年學生，儘管國際社會繼續譴責中國政府對民主運動的暴力鎮壓，歷史證據清楚地表明，中國政府的確盡了最大的努力避免暴力衝突，1989年6月的武力鎮壓無論對政府還是對學生而言，都是一種預料之外的結果。

事實上，努力實現政治解決而不是武力鎮壓，對於中國政府而言，有著更為重要的政治和經濟原因。1989年，中國政府最高領導人鄧小平非常清楚，學生運動可能有三種結局。第一種結局是採用和平的非暴力的手段結束民主運動。對於政府而言，這是最好的結局。中國的一黨專政的制度將繼續，鄧小平的經濟改革將免於各種干擾，按既定計劃發展。

在中國現代史上，人們把毛澤東領導的革命稱為「第一次革命」。「第二次革命」是鄧小平領導的，始於1978年，包括進行一系列經濟改革和實施對外開放政策。丘奇，喬治（Church, George J）這樣描述貫穿於鄧小平第二次革命的基

本原則：「中國哲學講究陰與陽的平衡。鄧小平的第二次革命是在一個極其廣泛的領域內把種種不可調和的東西結合在一起：國家所有制和私有財產，中央政府的計畫和充滿競爭的自由市場，政治獨裁和有限的經濟和文化民主。對於存在於西方世界和馬克思主義世界的各種懷疑論者來說，鄧小平所做的是試圖把共產主義和資本主義相結合」（2005，第1頁）。

1985年，鄧小平成為了時代雜誌的「年度人物」。他澈底改變了中國人的日常生活，這種改變的程度之大遠遠超過了世界上任何一位國家領導人為其民眾所帶來的變化。鄧小平是1978年返回政壇的，當時他所面臨的問題是所有共產主義國家所具有的共同問題：「1917年的十月革命在蘇聯奠定了馬克思主義的至高無上的地位，在那之後，六十多年過去了。為什麼眾多的社會主義國家在經濟發展上落後於資本主義國家？究竟是什麼原因？……在鄧小平的經濟改革之前，在中國，社會主義的這種失敗是顯而易見的。毛是1976年逝世的，當時普通農民和工人的生活與五十年代比，幾乎沒有任何改善」（丘奇，2005，第3頁）。

鄧開始了「第二次革命」，他決心改變中國的落後面貌，但是，黨內的反對派攻擊他背離了馬克思主義的基本原則。八十年代，是鄧小平實施各項改革和開放政策的重要時刻。1989年，儘管鄧小平提供了表明經濟發展的充分證據：中國的國民生產總值（GDP 或Gross Domestic Products）從1978年的354.82 billion人民幣增加到1989年的1,068.24 billion

人民幣（按照不變價格計算，中國統計年鑒，2009:39），他仍然竭盡全力，希望中國保持穩定。只有中國局勢穩定才有可能繼續吸收外國資本，學習外國技術和管理手段等。鄧小平具有鋼鐵般的意志，他下定決心把經濟改革進行到底。所以他希望用政治手段解決學生運動引起的衝突，只有這樣才不致於對中國的經濟改革帶來任何不利的影響。

學生運動的第二個可能的結局是動用軍事手段。鄧小平和中國政府其他領導人清楚地意識到，用武力鎮壓一場正處於萌芽狀態的民主運動必將遭致整個國際社會的譴責和嚴厲的經濟制裁。在當時的情況下，這將給中國的經濟發展造成難以估量的不利影響。一個基本的事實是，鄧的改革和開放政策還很不成熟，任何來自外界的干擾都有可能使鄧的「第二次革命」陷入僵局，以至於失敗。因此，中國政府不惜作出一切努力，努力避免任何流血事件的發生。

學生運動的第三個可能的結局是像原蘇聯一樣，中國共產黨澈底崩潰，國家喪失所有的權力。三種結局中，這是最差的一種結局。對於鄧小平來說，第二次革命的主旨就是保持中國共產黨在中國的領導地位。作為一名主要的制定經濟政策的決策人，鄧小平是一個實用主義者。「他有一句人們廣為稱頌的名言，那是一個非常家常化的比喻，大意是：不管黑貓白貓，只要能抓耗子就是好貓」（丘奇，2005，第4頁）。儘管如此，鄧小平絕對不允許中國改變其政治體制。雖然共產黨在原蘇聯和東歐國家已經崩潰，鄧小平和其他的中國領導人絕不接受學生運動可能造成的第三種結局：中國

共產黨澈底崩潰。

總而言之，毋庸置疑的事實是，1989年6月的武力鎮壓，無論對於學生，還是對於中國政府而言，都是一種意料之外的結果。由此，出現了一個令人困惑的問題：如果學生和政府都曾經努力避免流血衝突，為什麼最終的結局是天安門廣場上的暴力鎮壓？

和所有的社會科學家一樣，社會學家在今天的社會上扮演著兩種重要的角色。第一種角色是作為科學家，他們必須能夠解釋世界。第二種角色是政策的制定者，他們有改進社會的使命。社會學家的這種雙重責任要求他們必須研究中國學生運動的意料之外的結果，必須解決上述令人困惑的問題。

作為政策制定者，社會學家必須關注公眾輿論對於相關知識的需求。假定又出現了新的學生運動，政府仍然是學生唯一的對立面。假定學生和政府雙方都期望社會學家能夠為他們出謀劃策，幫助他們選擇正確的策略，以避免出現意料之外的結局，特別是避免任何流血衝突。在這種情況下，他們必然要問以下的問題：1989年天安門慘案發生的根源是什麼？在什麼條件下，社會運動可能出現預想不到的結果？怎樣避免社會運動出現意料之外的結果？

社會學家作為顧問和政策制定者，必須為以上問題提供答案。研究和理解1989年中國學生運動為什麼出現了人們意料之外的結果，將對未來政策的制定具有極其重要的意義。

作為科學家，社會學家必須關注社會學專業領域對於相關理論的需求，這是有關社會運動的結局的理論。在這一理論中，社會運動的意料之外的結局是在系統水準出現的一種平衡。一般情況下，社會運動的出現會創造一個嶄新的社會系統，其組成部分是社會運動及反社會運動兩方面。（在天安門慘案中，中國政府代表反社會運動的一方。）這個新創造的社會系統具有一定的特徵和性質，社會運動的發展和結局，都是以這些特徵和性質為基礎的。當社會衝突──社會運動的意料之外的結局──發生在宏觀水準或系統水準時，科爾曼，詹姆斯（Coleman, James S）認為：「社會理論家的任務應當是在真實的社會系統中，發現隱含的規則和規範，各種局限性和既定的目標，以及由此而產生的相應的行動是怎樣相互結合與互動，最終產生了系統結果」（1994，第33頁）。

當社會學家試圖解釋天安門廣場上發生的武力鎮壓事件時，他們必須研究社會運動的意料之外的結局。

第二節　為什麼學者們否認天安門慘案是意料之外的結局？

迄今為止，出版了大量有關1989年天安門慘案的書籍，遺憾的是沒有任何一本書明確指出這一慘案是學生運動的意料之外的結局。其結果是這一社會運動的最重要的一個特徵──暴力鎮壓是預期之外的結局──被澈底地忽略了。由於這種

忽略，現有的對天安門慘案的解釋是不完整的，在某種意義上，有些解釋甚至是一種誤導。如前所述，研究1989年學生運動的意料之外的結局是極其重要的，既然如此，為什麼有關的學者們對此視而不見，聽而不聞，不但忽略，而且否認天安門慘案是意料之外的結局呢？

造成這種局面的原因有兩個。第一個原因是，以「民主」或「非民主」這一唯一的概念作為依據，對國家進行簡單化分類的方式已經過時；但是，許多學者仍對其抱殘守缺。凱斯爾曼（Kesselman），克裡格爾（Krieger）和約瑟夫（Joseph）（2003，第16頁）曾經指出：「當我們評價一種分類的方法的優劣時，我們並不考慮這種分類是否是『真的』還是『假的』，重要的問題是這種分類方法是否有用，是否服務於我們的研究目的」。以「民主」或「非民主」這種單一概念對國家進行分類的方式，在我們研究作為意料之外的天安門慘案時完全沒有用，不僅如此，依據這種分類方法也無法發展和創新有關社會運動的相應理論。

有一些學者堅持採用以「民主」或「非民主」這種單一的概念對國家進行分類，對這些人來說，如果有人認為在中國實行專制統治的共產黨的高級領導人，不打算採用武力鎮壓的方式解決學生運動引起的衝突，那在政治上是不正確的。這些人認為，發生在天安門廣場的暴力衝突是不可避免的，原因很簡單，因為中國是一個非民主國家。

例如：布魯克，蒂莫西（Brook, Tomothy）認為，「如果中國共產黨期望繼續壟斷國家權力，他們必須鎮壓學生運

動」（1998，208頁）。他是這樣描述中國的政治制度的：「共產黨在1949年獲得權力之後，沒有致力於建設一個新國家，而是自身演變成一個新的國家。共產黨代表人民壟斷了所有的政治權力，為了人民的利益行使著一種極權統治」（1998，第195頁）。對於布魯克，蒂莫西來說，「北京的武力鎮壓之所以發生，是因為共產黨本身就是國家，它掌握著所有的軍權，並且運用軍隊的力量鎮壓北京的平民（1998，第196頁）。

2001年，趙鼎新研究了1989年中國學生運動的起因和發展，他描述了在民主社會和獨裁制度下，社會運動的發展呈現出不同的動態：「獨裁者統治的社會比較激進，民主社會則比較墨守成規。這實際上描述了在不同類型的社會裡，國家與社會的關係具有不同的本質。由此帶來了社會運動發展過程中的顯著差別——獨裁者統治的社會中，各種反抗運動都比較激進，而在民主社會中，反抗運動大都具有改革的性質」（2001，第27頁）。

鄒讜（1992）認為，武力鎮壓不是中國政府的初衷。但是，在解釋天安門慘案時，他為一種歷史觀所局限，而不能去積極地探索：我們怎樣避免社會運動的意料之外的結局。他主張：「事實上，具有極端主義思想的學生和中國政府內部的老同志都被二十世紀中國政治和中國哲學的傳統所束縛：政治是革命與『獨裁』，『專制』，『封建主義』以及它們的殘餘反動力量之間，或者說是革命與反革命之間的生與死的搏鬥。當衝突一旦發生，其結果遲早都是一方獲勝，

然後掌控所有的權力，而另一方則澈底失敗。為了獲勝，雙方無所不用其極，無論其手段多麼殘酷，多麼不道德，多麼浪漫而又不切實際；甚至不惜犧牲國家利益」（1992，第294頁）。

鄒讜根據這種歷史觀，著重分析了兩個關鍵因素。「我們如果想理解天安門慘案，特別是想理解趙紫陽所面臨的各種機會，他所做的最後選擇以及結果，就必須在心中牢記上面提到的中國政治的傳統：不同意見之爭，衝突，鬥爭，對抗以及最後結果所呈現的特定模式，除此之外，還要牢記中國的權力結構是以一位領導人為核心的，在這種權力結構中的政治鬥爭必須遵循特定的規則和規範」（1992，第293頁）。

幾乎所有研究1989年學生運動的文獻都有一個共同點：聚焦於中國的政治體制並且關注中國的非民主政體是怎樣決定了天安門慘案的必然發生。布魯克所描述的國家權力所具有的壟斷性，趙鼎新筆下的獨裁政權以及鄒讜所討論的以個人為核心的權力結構都聚焦於中國的政治體制。雖然他們都沒有指出天安門慘案是一種意料之外的結果，他們都明確地指出，1989年的武力鎮壓發生在一個非民主的共產主義國家。他們的研究能夠幫助讀者瞭解天安門慘案發生的政治背景。

遺憾的是，所有這些研究文獻都有一個共同的不足之處：他們忽略了天安門慘案發生的充分和必要條件。換句話說，中國的政治體制既不是天安門慘案發生的充分條件，也

不是其出現的必要條件。因此，中國的政治體制本身並不能解釋為什麼發生了天安門慘案。

　　某種條件存在，然後一個事件發生，這一條件是事件發生的充分條件。在二十世紀八十年代，中國發生過多起學生運動。所有這些學生運動都是以和平的方式結束，只有1989年的學生運動除外。如果中國的政治體制是軍事鎮壓的充分條件，那麼所有的學生運動的結局都應該是武力鎮壓。當學者們把中國的政治體制解釋為天安門慘案發生的根源時，他們忽略了一個非常簡單但又非常關鍵的問題：中國的歷次學生運動都是在同樣的非民主政治體制下出現的，為什麼1989年學生運動的結果不同於以往的歷次學生運動？

　　某種條件不存在，則相應的事件不會發生，這一條件是事件發生的必要條件。但事實上，這一事件—社會運動和反社會運動的政府之間發生暴力衝突—曾經發生在許多民主社會。例如：1970年5月4日，美國肯特州立大學（Kent State University）的學生舉行示威遊行，俄亥俄州的國民自衛隊用武力鎮壓學生運動，打死了4名學生，9名學生受傷（路易士Lewis和亨斯利Hensley，2009）。如果把非民主的獨裁政體視為武裝鎮壓的必要條件，肯特州立大學的暴力衝突原本就不應該發生。

　　肯特州立大學的悲劇和天安門的慘案是否有可比性？兩次事件之間儘管有顯著的差別，但仍然有很多相似之處（參見表1.1）。

表1.1 天安門慘案和肯特州立大學血案之間的比較

兩次事件的比較	天安門慘案	肯特州立大學血案
示威遊行的目的	反對腐敗，要求民主	反對越戰和尼克森政府
政府對示威遊行的反應	政府把學生運動描述為「有計劃的陰謀」和「動亂」。政府在北京實施了戒嚴法並且禁止所有的遊行示威。	俄亥俄州州長在聲明中把示威者稱之為「最壞的美國人」，同時聲稱將運用一切法律的力量對付這些示威者。宣佈了俄亥俄州的戒嚴法，用國民自衛隊控制了校園，禁止各種集會。
示威群眾對戒嚴令的反應	要求政府「撤除軍隊，取消戒嚴令」；構築路障，阻止軍隊進城。學生們和士兵友好相處，解釋為什麼阻擋軍隊進城。	抗議國民自衛隊在校園內出現；放火焚燒校園內的「預備役軍官訓練團」（ROTC）建築物。學生們與國民自衛隊的士兵們友好地交談。
開槍之前發生的主要事件	學生阻截運載武器的汽車，繼續設置路障，成千上萬的人阻攔軍隊進城。	學校領導人在校內散發了一萬兩千份傳單，明令禁止各種示威活動，但是有3,000人參加了一場示威活動。
政府在開槍之前發出的警告	政府控制的所有電臺和電視臺整個晚上都在全城範圍內廣播一項重要通告，反覆警告市民不要外出。	一輛吉普在示威群眾聚集地轉來轉去，車上是肯特州立大學的一名警官，在數名員警的陪同下，向示威者喊話，警告他們：禁止任何示威活動，示威者必須馬上解散。
示威者對官方警告的反應	憤怒的吶喊，在首蓿地向軍隊扔石頭和瓶子。	憤怒的吶喊，向士兵投擲石頭。
暴力衝突	人民解放軍向示威群眾開槍。	俄亥俄州國民自衛隊向示威群眾開槍。

在天安門廣場和肯特州立大學，學生運動的最終結果都是遭到武力鎮壓。無論美國和中國的政治制度有多麼不同，學生運動的相同結果是無法否認的。由於同樣的暴力事件既發生在民主體制下，又發生在非民主的政治體制下，因此現存的獨裁及非民主政體必然不是暴力衝突的必要條件。

那麼，天安門慘案發生的充分和必要條件究竟是什麼？探尋一種新的解釋勢在必行。這種解釋尤其需要說明為什麼在民主體制和非民主政體中，同樣發生了對學生運動進行暴力鎮壓的事件。

綜上所述，所有以「民主」或「非民主」政體為唯一標準對國家進行分類的理論，在解釋1989年北京的學生運動時，都忽略了一個重要的事實：天安門廣場的暴力衝突是意料之外的結果。此外，這些理論都未能闡明在什麼條件下發生了武力鎮壓。

為什麼這些理論在解釋社會運動時是如此蒼白無力？以「民主」或「非民主」這一唯一概念對國家進行分類，錯在哪裡？為什麼說這種分類方式已經過時？

以「民主」或「非民主」政體為唯一標準對國家進行分類是基於如下假設：民主政體是最好的政治體制，所以衡量一個政體的優劣最重要的就是考察它是否是一個民主體制。當前民主制度正在全球迅速蔓延，這種趨勢支持著上述假設，但是，這種分類的缺點是將複雜的現實納入一種簡單化的框架。出於以下原因，這種分類方法與現實格格不入。

一般說來，一個國家的政治體制和它的具體政策（經

濟，外交和社會政策等等）是相互分離的。換句話說，對於任何國家來說，其政體是否是民主政體，以及其政策是否合理，是兩個不同的問題。例如：一個國家有最優秀的政治體制，但有可能其外交政策非常糟糕。另一個國家雖然其政治體制是非民主的，但其經濟政策和社會政策可能非常合理。毋庸置疑，在民主體制中，有高度的政治自由以及政治平等；但這種體制並不能確保其官員在國內外各類問題上作出合理的決策。

一個國家的國際地位是根據什麼確定的？哪些因素決定一個國家的衰落或者進步？根據上面的討論，可以很清楚地看到，這個國家的政體是民主的或者非民主的絕對不是一個唯一的因素。例如：奧爾特曼（Altman）曾經說過：「對於美國和歐洲來說，2008年的金融危機和經濟崩潰是七十五年以來情況最糟糕的，同時也是地緣政治上的一次巨大挫敗。就中期影響而言，在國際事務中，華盛頓和歐洲政府既沒有資源，也沒有經濟上的可信性發揮他們本應發揮的相應作用。當然這些問題最終是會得到解決的，但在整個過渡期中，這些挫折和問題將加速現有的發展趨勢：世界的重心正在離美國而去」（2009，第27頁）。

與此同時，中國作為一個非民主的國家，其國際地位正在日益增長。儘管民主是最好的政治體制，缺乏合理政策的民主國家有日益衰落的可能，制定合理政策的非民主國家有可能呈現上升趨勢。

由於單純以民主或非民主政體為唯一基礎對國家進行分

類的方法已經過時，採用什麼樣的方法對國家進行分類比較合適呢？新的分類方法應當是二維的，即至少應當使用兩個概念：「民主政體」及其「政策合理」。考察一個國家時，既要看它的政體是否是民主的，還應該看它的政策是否是合理的。在今天的世界上，為了理解國家之間的差別，至少應當承認，要從這兩個方面對國家進行分類。在這種新的分類方法中，這兩個概念可以有四種組合：政體民主＋政策合理，非民主政體＋政策合理，政體民主＋政策不合理，非民主政體＋政策不合理。

儘管這四種組合並非無懈可擊，這種新的分類方法的優越性在於為我們提供了一種新的和更為實用的方法來觀察世界。例如：在研究1989年中國學生運動時，採用這種新的分類方法就不會錯誤地認為，因為中國是一個非民主國家，因此天安門廣場上的暴力衝突就是不可避免的。同時，也不會出於狹隘的意識形態偏見，認為把天安門廣場的悲劇視為一種意料之外的結局，在政治上是不正確的。採用這種新的二維分類方式，便可以把政策和政體加以區分，提出以下問題：（1）為什麼同樣的學生運動悲劇事件既發生在非民主國家中國，也發生在民主國家美國？（2）無論國家的政體是民主或非民主的，在學生運動的發展進程中，政府的策略是否合理？

第三節　從理性出發，主觀能動地建設新社會

如前所述，在現存的文獻中，之所以沒有任何研究指出天安門的悲劇是一個意料之外的結局，是由兩個原因引起的。第一個原因是僅僅以「民主」或者「非民主」這種單一的概念對國家進行分類，是一種過時的做法。世界正在改變，對國家進行分類的方式也必須隨之改變。第二個原因是以「社會學想像力」（the Sociological Imagination）為基礎的社會學觀點（the Sociological Perspective）也已經過時。

對於許多社會學家來說，「社會學想像力」是觀察世界的一種基本方式。注重培養「社會學想像力」，是具有社會學視野和洞察力的核心所在。安德森和泰勒（Anderson和Taylor）指出：「米爾斯，賴特（Mills, C. Wright）是這樣定義『社會學想像力』的，它是一種能力，具有這種能力，便可以看到社會環境不僅影響個人，而且影響由個人所組成的群體（Groups of Individuals）。米爾斯強調，我們應該用社會學來揭示社會環境（the Context of Society）怎樣造就了我們的生活；米爾斯認為，若想理解特定個人或特定社會群體的經驗，我們必須理解他們所在的社會環境以及歷史背景（the Social and Historical Context）」（2007，第4頁）。

米爾斯的「社會學的想像力」來源於迪爾凱姆，埃米爾（Durkheim, Émile）。迪爾凱姆著名的有關自殺動機的研究為現代社會學奠定了基礎，在迪爾凱姆的研究中，社會力量

（Social Forces）影響並決定著人類行為。

根據迪爾凱姆的理論，是無法提出如下命題的，即1989年北京學生運動的結果是意料之外的結局。大多數學者的社會學觀點是以「社會學想像力」為基礎的，對於他們而言，學生運動的任何結局－軍事鎮壓或者是政治解決－都是「社會力量」所決定的。既然如此，所謂「意料之外的結局」則根本不可能出現。根據迪爾凱姆的理論，大多數學者甚至不可能提出以下問題：1989年學生運動以暴力鎮壓結束，這究竟是有意製造的還是意料之外的？

例如：鄒讜為我們提供了天安門悲劇發生的歷史背景：「只要我們從那些洋洋大觀的歷史事件倒退一步，我們便可以理解，在二十世紀，中國一直在重建國家，社會以及可行的國家與社會的關係。在這一重建的過程中，中國經歷了一系列的失敗，1989年的天安門事件不過是這一系列失敗的繼續，與以往不同的是，這次失敗是在一個較為廣泛的國際背景下發生的。中國領導人目前還沒有能力理解這一點」（1992，第268頁）。

鄒讜檢驗了中國共產黨的運作原則和相應規範，他指出：「所有這些原則和規範使得改革派無法在運動初期和學生建立同盟關係—在我看來，這是唯一能夠避免天安門悲劇發生的策略」（1992，第294頁）。在鄒讜的研究中，天安門悲劇是由以下社會力量決定的：天安門事件之前的中國歷史的發展，其中包括中國共產黨的運作原則和相應規範。

假定社會運動的出現創造了一個新的社會系統，這一系統由兩個群體組成：社會運動和反社會運動（政府通常是反社會運動的代表）。在解釋社會運動的結局時，如果研究者所持有的社會學觀點是以「社會學想像力」為基礎，他們所關注的是存在於這一社會系統之外的各種條件（External Factors）。例如：博斯韋爾和狄克遜（Boswell和Dixon）（1993）研究了發生在六十一個國家中的暴力反叛。在他們的回歸方程式中，因變數（the Dependent Variable）是反政府遊行示威中的死亡人數，引數（the Independent Variables）是存在於製造業中的階級壓迫，收入貧富不均，市場危機，以及缺乏自由民主等等。所有這些引數都存在於上述社會系統之外。鄒黨（1992）提供了天安門事件發生的歷史背景，博斯韋爾和狄克遜（1993）描述了在61個國家中發生暴力反抗的社會背景。所有的背景條件研究，都無一例外地忽略了上述社會系統的存在。

　　毫無疑問，瞭解事件發生以及人們生活的社會環境和歷史背景是十分重要的。然而，建立在「社會學想像力」基礎上的社會學觀點，其效用正在遭到越來越嚴重的挑戰。試想一下，如果是社會力量使得天安門悲劇的發生不可避免，那麼在未來，我們還能夠做什麼以防止這樣的悲劇不再重演？如果我們知道在那六十一個國家中，死於反政府示威遊行的人數和當時普遍存在的社會條件之間的相關係數具有統計意義，在社會條件尚未發生改變的情況下，我們能夠做什麼才能減少死亡人數？以「社會學想像力」為基礎的研究不能為

上述問題提供任何答案。換句話說，在這種研究中建立的理論，沒有任何實用價值。例如：由於中國的歷史無法重寫，因此我們必須接受這一事實：天安門悲劇是無法避免的，即使在未來，如果這類悲劇再次發生，我們也只能聽之任之。同樣的道理，在上述六十一個國家中，如果社會環境不變，我們也無法減少在反政府示威遊行中的死亡人數。

赫什雷弗和格萊澤（Hirshleifer和Glazer）曾經說過：「無法應用的理論是無用的理論」（1992，第xiii頁）。事實上，社會學有很多無用的理論。「社會理論很少能被用來指導社會政策。這是一種很不健康的狀態。事實上，判斷社會理論優劣的標準之一，就是看它是否有可能被用來指導社會政策」（科爾曼，1994，第33頁）。總而言之，以「社會學想像力」為基礎的傳統社會學理論以優雅著稱，但它應當為其過失承擔責任，因為這些理論對於指導社會實踐與社會改造毫無用處。

「社會學想像力」錯在何處？為什麼以「社會學想像力」為基礎的理論對於指導社會改造沒有實用價值？

第一個原因是，以「社會學想像力」為基礎的社會學觀點，沒有「個人和集體的主動選擇」（Individual Choices and Public Choices）的空間。毫無疑問，社會環境造就了我們的生活，但是，每一個硬幣都有兩面。在這裡，硬幣的另一面是，每個人都在選擇他要怎樣生活，與此同時，公共選擇（Public Choice）也可以創造新的社會環境。索托馬約

爾，索尼娃（Sotomayor, Sonia）是美國最高法院的第一百一十一位法官，成長於紐約市布朗克斯南區（South Bronx），居住在救濟窮人的政府公寓。在美國，成千上萬的少數族裔的孩子在這樣的政府公寓中斷送了青春和前途，但是，索托馬約爾成功了，她的成功是個人和家庭努力奮鬥的結果。與此同時，美國許多優秀企業的文化也是人為創造的產物。令人遺憾的是，「社會學想像力」只關注硬幣的一面：社會環境對個人，家庭和社會群體的影響，而忽視了另一面：即個人選擇和公共選擇可以主觀能動地創造社會環境。更為重要的是，對於被忽視那一面的研究恰恰可以產生許多具有實際效用的理論（Theory Leading to Application）。

當科爾曼，詹姆斯（Coleman, James S.）研究美國高中時，他發現社會規範（Social Norms）對學生有很重要的影響，這些社會規範是一種社會力量，存在於學生本人直接的個人控制之外。「例如：在大多數高中，究竟應該花多少精力在學習上，一種行為規範（Norms）在學生中逐漸形成。通常情況下，這種規範反對刻苦學習，壓制學生的努力。但是，也有與之相反的社會規範，鼓勵努力學習，取得更好的成績」（1994，第33頁）。

科爾曼隨即挑戰傳統的社會學理論。他提出一個重要問題：「究竟是什麼決定了行為準則的強度和方向（the Strength and Direction of this Norm）」（1994，第34頁）？正是這個問題代表了一種新的探尋世界的社會學思路。米爾斯感興趣的是揭示社會環境的影響，例如：社會規範是怎樣

影響學生的學習成績。科爾曼的興趣則是怎樣在美國高中創立一種社會規範,這種規範鼓勵學生積極努力,刻苦學習。科爾曼的社會學觀點關注個人選擇和公共選擇,他所要發展的社會學理論,能夠說明社會規範是怎樣出現的,這種理論對於設計和改造美國高中,有具體的實用價值。

第二,存在於「社會學想像力」和以其為基礎的社會學觀念中的第二個問題是無法評估人與人之間以及群體與群體之間的社會互動(Social Interaction)。

赫什雷弗和格萊澤(Hirshleifer和Glazer)指出:「社會互動(意味著)……選擇與決策都不是在真空狀態下作出的。其他人會根據你的決策和行動改變他們的行為。……當所有受你決策影響的人都做出相應的反應之後,事情的結局通常將不會是你最初想像的那麼完美」(1992,第2頁)。

研究社會互動是十分重要的,因為這種互動決定社會結果。例如:社會運動的結局以及美國高中存在的社會規範。但是,以「社會學想像力」為基礎的社會學研究卻放棄了對於社會互動的研究。這是為什麼?

問題在於研究方法(the Research Methods)。以「社會學想像力」為基礎的社會學研究通常以社會調查(Survey Research)作為研究方法,在社會調查中,分析的基本單位(the Unit of Analysis)是個人或者群體。科爾曼指出:「社會調查是從界定的人口中隨機抽樣,運用標準化的問卷進行訪談,按部就班地獲取資料。……然後,運用定量方法

（Quantitative Techniques）分析資料。例如：用交叉表格（Cross-Tabulation）對資料進行分類匯總，對調查結果作回歸分析（Regression Analysis），還可以運用各種延伸的分析技術等等。所有這一切都試圖以某種因果關係解釋個人的行動或者意見」（1994，第30頁）。社會調查作為一種研究方法，可以卓有成效地表明社會環境是怎樣影響個人以及群體的，但是由於以下原因，這種方法卻無法用來研究社會互動。

在社會調查中，個人和群體被作為獨立的分析單位（Independent Unit of Analysis）。在這種研究的過程中，獨立的分析單位之間，既沒有聯繫，也沒有互動。例如：在經常進行的有關美國高中生學習成績的社會調查中，關注點是學生的社會背景（Social Background）對其學習成績（GPA, Grade Point Average）的影響。在這類研究中，每一個學生都被當作一個獨立的分析單位，社會互動卻不在考慮之中。與此相反的是，當科爾曼1994年研究美國的高中時，其分析單位是高中，這是一個社會系統，學生，教師和學生父母在這一社會系統中有各種互動關係。一般而言，社會互動包括在學校中的互動，在社會運動中的互動，當然還有家庭中的互動和工作場所中的互動。

在研究社會互動時，第一步就是要辨認社會系統（the Social System）或稱之為社會場景（the Social Setting），並且把它們作為研究中的分析單位。遺憾的是，大多數社會調查並沒有這樣去做，因為這些社會調查以個人而不是社會系

統作為分析單位。

當然也有某些例外，1993年，博斯韋爾和狄克遜研究了在六十一個國家中出現的具有暴力性質的集體抗議活動，在他們的研究中，分析單位是國家，而國家是一個社會系統。遺憾的是，他們的資料來自社會調查，而這種資料沒有提供任何有關國家系統內部社會互動的信息。社會互動開始於個人行動，包括個人的意願和動機，結束於系統水準的平衡狀態。例如：社會運動的結果，或者是存在於高中學生中的社會規範都是處於系統水準的平衡狀態。

因此，研究社會互動的第二步是在個人及系統兩種不同的水準收集資料和信息，只有掌握了涉及這兩種水準的資料和信息，才有可能研究社會互動的特徵。博斯韋爾和狄克遜收集了六十一個國家在反政府示威中的死亡人數，在製造業中存在的階級剝削，收入不平等，市場危機和政治上缺乏自由平等。所有這些信息都是有關國家作為一個社會系統的各種特徵，它們都是系統水準的資料。換句話說，他們沒有任何資料可以提供系統內部處於個人水準的信息，例如：示威者的行動以及政府的策略等。沒有來自個人與系統兩種不同水準的信息，便無法分析社會互動。

在有些社會調查中，研究者也獲取了涉及個人水準和系統水準的資料。例如：在研究美國高中時，研究者掌握了學生的個人背景資料，也收集了系統水準的資料——學校之間的差別，並運用這些資料解釋為什麼學生的學習成績有所不同。但是這裡沒有涉及任何社會互動。

由此可知，研究社會互動的第三個步驟是把研究重點集中於存在於特定社會系統或社會場景的平衡狀態（Equilibrium in a Particular Social System or Social Setting）；例如：社會運動的結果或者高中的社會規範都是特定的平衡狀態。這種研究過程是一個從個人水準向系統水準的移動，例如：研究美國高中的學生，教師以及家長之間的互動是怎樣創造出社會規範的；或者研究示威者和政府之間的互動，示威者的行動和政府的策略怎樣相互作用，以致形成了社會運動的特定結果。遺憾的是，現有的社會調查完全忽略系統水準的均衡狀態，因為這種研究認定系統水準的均衡狀態是一種既定存在（Take the Equilibrium as Given），研究者採取了相反的錯誤的移動方向：僅僅從系統水準向個人水準移動，考察社會是怎樣影響個人及群體的。

綜上所述，由於忽略了在建造社會時個人選擇以及公共選擇的重要性，更由於缺乏適當的研究方法和分析技術而無法研究社會互動和系統平衡，以米爾斯的「社會學想像力」為基礎的社會學觀點已經陳舊過時。按照米爾斯的觀點，天安門廣場慘案不可能是一種意料之外的結局。現有的社會學理論又一次呈現出它的弱點：置重要的社會現實於不顧。1994年，科爾曼明確提出了一種新的以「理性選擇」（Rational Choice）為基礎的社會學觀點。表1.2表明了米爾斯的「社會學想像力」和科爾曼的「理性選擇」社會學觀點之間存在著顯著的差別。

表1.2　米爾斯的「社會學想像力」和科爾曼「理性選擇」社會學觀點的比較對照

比較對照兩種不同觀點	米爾斯的「社會學想像力」	科爾曼的「理性選擇」社會學觀點
理論取向	塗爾幹的社會力量	韋伯和帕森斯：有目的的行動理論
分析單位	個人或者社會群體	社會系統或社會場景
目標	揭示社會環境怎樣影響個人的生活	揭示人們怎樣進行社會互動並創建理想的社會環境
聚焦點	解釋社會環境怎樣影響個人和個人組成的群體 這種解釋是從系統水準向個人水準移動	解釋社會互動怎樣形成社會系統的平衡狀態 這種解釋是從個人水準向系統水準的移動
研究方法	社會調查 （Survey Research）	正規模型 （Formal Models）
理論和實踐	理論無法運用於實踐：理論提供的「現實是什麼」的知識與改造社會無關	理論可以在實踐中應用：理論提供的「現實是什麼」的知識可以用來分析問題，制定政策，成為社會導航儀

這部著作，《社會運動的博弈論分析——1989年中國學生運動的意外結局》的理論基礎是科爾曼的「理性選擇」社會學觀點。1989年，學生運動的興起創造了一個新的社會系統，其中包括兩個群體：學生運動本身和政府。在這部著作裡，我把這個新創立的社會系統作為分析單位，聚焦於這兩個群體之間怎樣互動，其互動的特點是什麼。特別需要指出的是，我闡明了天安門慘案發生的四個必要及充分條件是這個新的社會系統所具有的四種特性。本書證明了，如果這些條件不存在，學生運動的意料之外的結果將不會出現；如果

這些條件存在,武力鎮壓的慘案必然出現。用這種方法,我希望讓人們能夠理解在什麼條件下,社會運動會產生意料之外的結果。社會活動家和政府都可以在未來的實踐中運用這些知識,力求避免意外,並實現他們預料之中的結果。

第四節　應用博弈論(Game Theory)的優越性

根據科爾曼「理性選擇」的社會學觀點,我應用博弈論技術和方法,研究1989年中國學生運動。博弈論的研究對象是競爭或者合作條件下的社會互動,博弈論的理論家們嘗試著用特定的博弈論模型(Game Theoretical Models)來解釋社會現象。一場博弈(Game)通常包括兩個或兩個以上的參與者,每一個參與者至少有兩種選擇。每個人都盡最大努力爭取獲得最優結果(the Greatest Payoff),與此同時,每個人能夠實現什麼樣的結果不僅取決於他自己的選擇,而且取決於其他人的選擇。用博弈論研究1989年中國學生運動有以下的優越性。

第一個優越性是使用博弈論的理論模型可以簡化現實(Simplify Reality),從而使我們去粗取精,去偽存真,更容易深入地理解現實。在我的研究中,基本的分析單位是新創建的一個社會系統,它由兩個部分組成:參加運動的示威者以及中國政府。可以用一個博弈論模型來代表這一社會系統,模型裡的兩個參與者可以分別代表參加運動的示威者以及中國政府。

這一模型可以去粗取精，對現實中的細節忽略不計。例如：1989年中國政府的領導層有兩個特點：（1）對於應當怎樣回應學生運動的各種策略和要求，政府內部是有分歧的。（2）中國共產黨中央委員會作為中國政府的最高領導機構，授予鄧小平全權處理一切有關學生運動的事務。

博弈論的理論模型對上述第一個非主要的特點忽略不計，但遵循第二個重要特點，即以鄧小平代表中國政府；這一特點對學生運動的發展具有及其重要的影響。通過對許多無關緊要的細節忽略不計，可以運用這一模型，用非常簡潔的方法證明這兩個群體是怎樣通過互動，導致了學生運動的意外結果。

第二，運用博弈論的理論分析，可以把處於宏觀水準（the Macro Level）的社會系統與處於微觀水準（the Micro Level）的個人聯繫在一起。科爾曼曾經指出：「社會學的最艱巨的任務就是發展一種理論，這種理論從處於微觀水準的個人行動上升到宏觀水準，例如：規範（Norms），社會價值（Social Values），社會地位的分佈（Status Distribution）以及社會衝突（Social Conflict）等等，都是處於宏觀水準」（1994，第33頁）。運用博弈論作為分析工具可以接受這一挑戰。在所有特定的博弈中，參與者處於微觀水準，他們可以是個人，群體，公司或者國家；通過參與者的互動在宏觀水準上產生博弈的結局。

在現存的有關社會運動的文獻中，有許多研究涉及

了社會運動和反社會運動或者國家之間的互動。本書與它們的不同之處在於，我第一次明確地指出，社會運動的興起創建了一個新的社會系統，社會運動的結局就其本質來說便是這一社會系統的均衡狀態（the Equilibrium of that Social System）。為了理解這一均衡狀態，我使用了一個具有不完整信息的動態的博弈論模型（A Dynamic Game with Incomplete Information）來研究學生運動和政府（或者說反學生運動）之間，在互動過程中呈現出來的各種特徵。我在解釋這些特徵時，清楚地表明處於微觀水準的個人行動是怎樣相互交織（Intertwine），進而產生了宏觀水準的結果。

第三，運用博弈論進行分析，可以精確地描述社會互動的結構框架（the Framework of Institutional Interaction），同時證明結構（Institutions）的重要性。克雷普斯（Kreps）指出：社會互動的結構框架「表明以下諸方面是相互聯繫著的：某些個人的選擇，其他人可以得到的選擇以及這些人所面臨的結果」（1990a，第5頁）。布勞格，馬克（Blaug, Mark）指出：「博弈論在經濟學中的應用使人們對理性，相互依賴以及均衡（Rationality and Interdependence and Equilibrium），都有了一種新的『理解』」（1992，第240頁）。之所以說使人們對於「理性」有了一種新的理解，是因為在任何特定的博弈過程中，一個參與者所面臨的結局，不僅取決於他自己所做的「理性選擇」，同時也取決於其他人的決策。

博弈論理論家們描述了在各種不同的博弈中，人們所做選擇的結構框架。例如：在這部書中，社會互動的結構框架由兩部分組成：（1）各種規則和限制，據此，學生和中國政府作出他們的選擇。（2）一種途徑，據此，學生和中國政府所採取的行動相互結合，從而產生最後的結果。

尤其應該指出的是，當其他研究者在特定的博弈中，主要關注個人的意願時，我在本書中著重證明了在一個動態的博弈過程中，結構的影響是十分顯著的。例如：（1）我研究了為什麼在動態的博弈過程中，個體行動者的意願和動機（the Preference Structure）會不斷變化；（2）不斷重複的博弈是怎樣改變著參與者所獲取的報酬（Payoffs）的；（3）不完整的信息怎樣顯著地影響了參與者的策略；（4）在動態的博弈過程中，參與者是怎樣逐步獲取對方所掌握的私密信息（Private Information）的等等。所有這些因素對於準確完整地解釋博弈的結局都是至關重要的，但是上述提到的那些僅僅依賴個人意願解釋博弈結局的理論，完全沒有涉及到這些因素。

第四，博弈論中應用的模型技術，為我們分析學生運動的動態（Dynamics）提供了一種工具。這種對於動態的研究在下列情況尤其重要：「當行動者在時間t作出的決定，影響他們在時間$t + t'$（$t' > 0$）所面臨的各種可能的決策」（泰勒爾，Tirole, 1988，第206頁）。在非合作的博弈論（Non-Cooperative Game Theory）中，有兩種基本的正規

模型（Formal Models）。第一種是策略型的博弈模型（A Strategic Form Game），專門研究在靜止狀態下，參與者之間的互動。第二種是外延型的博弈模型（An Extensive Form Game），適合研究參與者在不同時間所採取的行動。在這部書中，我使用了第二種模型——外延型的博弈模型——用模型樹（A Game Tree）來分析學生運動和政府之間互動的動態特徵（Dynamic Character）。

第五，博弈論中使用的相應語言，使得社會運動的研究者們有可能探討「不完整信息」（Incomplete Information）是怎樣影響社會運動的結局的。在研究1989年天安門事件時，信息是一個很重要的因素，因為理性行動者在作出選擇時，必須考慮每一種選擇所必須付出的代價以及所帶來的益處，他們需要一切可能得到的相關信息。博弈論用許多概念描述具有不完整信息的博弈，例如：非對稱信息（Asymmetric Information），專有信息（Proprietary Information）等，當參與社會運動的學生們不能確定政府的意圖和動機到底是什麼時，上述概念可以幫助我們理解問題的實質，弄明白這種不確定的信息是怎樣影響著學生們作出的策略選擇。例如：「貝葉斯均衡」（Batesian Equilibrium）這一概念，就清楚地表明我們是怎樣把「納什均衡」（Nash's Equilibrium）這一概念加以延伸，應用於具有不確定性的形勢之中。

第五節　一個重要的假設（Assumption）

邁爾森，羅傑（Myerson, Roger）指出：「當兩個或兩個以上的個人作出決策，而這些決定又對這些人的福利產生影響時，博弈論提供了一種數學技術，用來分析這種決策過程」（1991，第xi頁）。我在這部書中應用博弈論對天安門事件作出的分析是基於一個重要的假設：在中國政府方面，有一位領導人手中握有大權，所有重要的決策都是由他作出。在學生方面，大家團結一致，如同一個人對重大事件作出決策。這種有關雙方都是單一行動者的假設非常重要，因為博弈論的理論家們用具有各種不同報酬結構的博弈論模型來類比並解釋社會現象。當討論不同博弈過程的報酬結構時，雙方的參與者都應當是單一的行動者。否則這裡的報酬應該屬於誰便成了難以說清的問題。毫無疑問，這裡所說的單一的行動者，其內部都不是鐵板一塊，但是，在研究各種博弈過程時，雙方內部存在的可能的分裂，並不是我們的關注重點。

這種有關單一行動者的假設符合實際嗎？為了回答這個問題，有必要瞭解1989年中國學生運動的一些背景情況。首先，當時中國政府是否有一個領導人，他有權力做出所有的重大決定？這裡的答案是肯定的。當時中國政府內部關於如何對待學生運動存在著重大分歧，但是鄧小平手中握有大權，他個人可以決定政府何去何從。自1978年以來，中國共

產黨中央委員會逐漸達成了一種高度統一的共識,即任何重大的國家決策都應該由鄧小平做出,因為他不僅是中國革命的第一代領導人,而且具有豐富的經驗和很高的聲望。

自1978年以來,中國政府內沒有任何人能夠挑戰鄧小平作為黨內決策者的地位。例如:1986年,胡耀邦作為中國共產黨總書記曾經挑戰鄧的權威地位,1987年,他被罷官了。胡耀邦被撤職之後,中國共產黨中央委員會作出了正式決定:所有重要決策都必須由鄧小平做出。

1989年,雖然政府內部對如何處理學生運動有不同意見,與鄧小平意見相左的一派沒有相應的實力以做出重要決策。當時的中國共產黨總書記趙紫陽是這一派的領袖。在十分緊迫的形勢下,天安門廣場上有三千名學生在絕食,北京城內有五十萬人走上街頭,他們提出的一個共同要求是希望趙紫陽到天安門廣場來會見學生和其他持不同政見者。但是趙紫陽甚至不能自行決定他是否能夠接受學生的要求,去天安門廣場和他們見面。5月16號,趙紫陽公開解釋了他不能去天安門廣場的原因:「中央委員會的所有成員已經同意,政府的一切重要決定都應該由鄧小平做出」(中國日報,1989年5月18日)。換句話說,只有鄧小平有權力決定,是否趙紫陽作為黨的總書記可以直接和學生對話。1989年5月19日,趙紫陽辭去了中國共產黨總書記的職位,他心裡很清楚,他是不可能挑戰鄧小平的權威的。

在1989年的學生運動中,政府方面的重要決定包括:(1)學生運動開始以後,政府應當作出怎樣的反應;(2)

當政府威脅學生，而學生拒不退讓時，政府是否應當實施威脅等等。所有這些重要決定都出自鄧小平。事實上，和政府內部存在兩派一樣，在中國軍隊內部也存在著怎樣對待學生運動的兩種不同意見，但是，軍隊中同樣沒有人能夠違抗鄧小平。

　　這個假設，即假設政府中有一個大權在握的領導人，也是政治學家以及經濟學家們的共識。例如：在有關國際關係研究的文獻中，當學者們分析軍事威脅在遏制軍事危機時的作用時，他們的討論也是基於這一假設─政府中有一位一言九鼎的領導人。當經濟學家研究經濟環境和政府應當採取的對策時，也是基於同樣的假設。

　　在本書中，根據這一假設，我把國家作為行動的主體以及主謀者。把國家擬人化，可以避免重複使用下列詞彙作為行動的主體：國家權威，國家代理人或者提及某些具體領導人。在研究國際關係的文獻中，把國家作為行動的主體或者主謀者是非常普遍的。

　　在學生運動這一方面，同樣可以假設有一個單一的領導人，所有重要的決定都是這個領導人作出的。1989年，學生運動內部對於策略的選擇同樣存在著重大分歧，在這種情況下，是否能夠把所有的運動參與者視為團結為一體的單一行動者呢？根據「人民日報」的報導（在中國，「人民日報」是最重要的報紙之一，根據社會上高度一致的共識，「人民日報」對1989年學生運動的報導是最為客觀的），1989年，

自發參加學生民主運動的人數超過了一百萬。5月份，他們聚集在天安門廣場上聲援參加絕食的學生，在北京街頭示威遊行。當中國政府頒佈戒嚴令之後，大約有一百萬人參加了示威遊行表示抗議，並且試圖阻止數千名士兵及坦克接近天安門廣場。事實上，學生運動開始以後，自發參加民主運動的人很多，學生大概只占所有運動參與者的百分之十左右，在學生和其他參與者之間並沒有任何組織上的聯繫。大多數非學生參與者甚至完全不知道學生內部曾經存在著許多重大分歧。換句話說，學生內部的種種分歧，對於百分之九十的其他參與者在作出決策時幾乎沒有任何影響。

在研究理性以及大規模的具有反叛性的集體行動（Rationality and Large-Number Rebellious Collective Action）時，把社會運動的所有參與者視為單一行動者的假設是十分普遍的（莫爾，Moore, 1995），在分析各方的策略選擇時，更是以這一假設為基礎。例如：在一個安全博弈的模型（An Assurance Game）中（泰勒和沃德，Taylor and Ward, 1982；泰勒，Taylor, 1987；張，Chong, 1991），一方是一名參與者，另一方則代表所有的其他參與者。換句話說，儘管存在著內部分歧，其他參與者仍被視為一個單一行動者。

第六節　社會運動和政府之間的互動理論（A Theory of Interaction）

如前所述，在這本書中，我的研究有兩個目的：（1）

向公眾說明為什麼社會運動會產生意外的結果，哪些條件是天安門慘案發生的必要條件和充分條件；（2）發展一種理論，這種理論說明社會運動可能出現未曾預料到的結果。1989年，學生運動的出現創造出了一個新的社會系統，這一系統由兩個群體組成：運動自身和政府。本書發展的社會運動理論只聚焦於這一系統以及它所具有的四種特殊的屬性。正是這些屬性衍生出了天安門慘案發生的必要和充分條件。

在本書中，我創造了四個新的概念（Concepts）：（1）「政府的無效威脅（Ineffective Threat or Anti-Threat Resistance）」，（2）「雙重博弈中的次優策略（Sub-Optimal Strategies in Two-Level Games）」，（3）「社會運動的貝葉斯判斷（Social Movement's Belief Based on Bayes' Rule）」，（4）「信息斷裂（Information Gap）」。以這些概念為基礎，我提出了四個命題（Propositions）。這些概念和命題幫助我們理解社會運動開始以後，那個新創造的社會系統是怎樣運行的。在一般情況下，根據這個新的理論可以就以下兩個重要問題作出預測：

1. 社會運動興起後，政府通常威脅社會運動的參加者。在什麼條件下，這種威脅可以阻止社會運動的發展？在什麼條件下，這種威脅完全無效？
2. 在什麼條件下，社會運動會產生預期的結果？在什麼條件下，社會運動會產生意料之外的結果？

在第二章，我介紹了1989年中國學生運動的簡要歷史。一個很重要的事實是，在武力鎮壓之前，學生運動持續了五十天。在這五十天中，發生了許多令人難忘的事件，運動的發展鮮活生動。如果對運動的發展過程漠不關心甚至避而不談，而只是孤立地探討天安門慘案的起因，是一種片面的做法，甚至會誤導公眾。

在第三章，我證明了在社會運動和政府之間存在著三種不同的互動及報酬結構（Payoff Structures），每一種結構都會導致一種獨特的運動發展過程以及相應的結果。在這三種不同的互動結構中，最重要的是一種信息不完整的博弈論模型（A Game with Incomplete Information）。在這個模型中，運動的參與者對政府的真實意圖知之甚少，但是他們對此有自己的猜測和想法。我提供了一個博弈論的理論模型，力圖用一種規範化的方式解釋運動的參與者是怎樣對政府提出的威脅作出反應的。與那些現存的各種簡單化的解釋不同，我證明了示威者無視政府威脅，從而繼續反抗是博弈過程中的納什平衡。這個模型說明了在什麼條件下，政府的威脅可以阻止社會運動的發展？在什麼條件下，這種威脅完全無效？

在第四章，我討論了一種新的博弈結構，由於這種博弈處於兩種不同的水準（A Two-Level Game），我們稱之為博弈模型1和博弈模型2。這種博弈結構描述了社會運動出現之後，政府通常要面對的一種形勢。政府在博弈模型1中作出了一種理性的抉擇，但是這種選擇在博弈模型2中卻是非理性的。尤其重要的是，我把「厚此薄彼」型的「具有雙層結

構」的博弈論模型（The Discriminatory Two-Level Game）和「取悅對手」型的「具有雙層結構」的博弈論模型（The Intermediary Two-Level Game）加以區分。當政府在博弈模型1和博弈模型2同時作出選擇時，它必須保持選擇的一致性；由此，政府必須放棄最優選擇（Optimal Strategies），而選擇在「厚此薄彼」型的「具有雙層結構」的博弈論模型中的次優策略（Sub-Optimal Strategies）。政府選擇的次優策略為社會運動的參與者提供了一種暗示（the Signals），這種暗示對運動參與者如何選擇策略產生了重大影響。政府選擇次優策略的另一個嚴重後果是政府失去了它透露其真實意圖的手段（Depriving the State of a Means to Disclose Its Real Preferences）。

在第五章，我分析了雙方博弈在不斷發展過程中呈現出來的動態（Dynamics of Repeated Games），由於這種動態的發展，參與的雙方必須關注他們目前選擇的策略將怎樣影響他們未來的選擇，以及怎樣影響其他參與者在未來的選擇。這裡最重要的動態特徵是社會運動的參與者們面臨一種取捨：是以長期損失為代價換取短期獲利（Short-Term Interests），還是以目前的讓步換取長期的利益（Long-Term Interests）。當社會運動參與者的報酬在重複發展的博弈中不斷變化時，政府應當對他們這種不斷變化的報酬作出什麼樣的反應？於此，我指出存在著「彈性反應」（Elastic Responses）和「非彈性反應」（Inelastic Responses）。我進一步證明了，如果運動的參與者們想在短期內獲得的更多，

從長遠來看，他們將失去的越多。換句話說，在這種重複發展的博弈過程中，如果運動的參與者們期望實現他們的長遠目標，他們必須放棄某些短期利益。

在第六章，我聚焦於最後一個博弈論模型，在這個模型中，存在於社會運動和政府之間的信息斷裂（The Information Gap）造成了流血衝突，致使社會運動出現了意外的結局（An Unintended Outcome of Social Movement）。有兩個原因造成了這種信息斷裂。其中最重要的是原因是政府失去了信用（The Credibility Imperative），以至於無法選擇恰當的策略。我證明了在重複發展的博弈過程中，運動的參與者是怎樣在每一個回合去測量政府的可信度，政府可信度的逐漸下降是怎樣造成了多米諾骨牌的效應（A Domino Effect）。在最後關頭，當政府決定使用武力時，他們卻失去了表達這一意願的手段（All Means of Showing Their Intention），以至於無法把這一信息傳遞給運動的參與者。當政府官員最終出來打算掌控社會運動時，可信度的缺乏使他們的各種傳遞信息的渠道陷於癱瘓狀態（Paralyze Government Officials）。暴力衝突成為彌補這種信息斷裂的血的代價。

在第七章，我討論了社會運動發展中的不變規律。無論社會運動發生的時間，地點以及運動參與者的訴求差異有多大，社會運動的發展過程中有可以認為是定規的東西，即社會運動發展的不變規律。本書應用博弈論技術和方法，以1989年中國學生運動作為研究案例，提出的四個重要命題，便是社會運動發展的不變規律。如果政府能夠學習並且理解

社會運動發展的不變規律，根據這些規律來指導政府決策，便會「知常曰明」，避免「天安門慘案」的發生。無論政府的「權力」有多大，社會運動發展的不變規律永遠高於「權力」。自視權尊勢重，可以恣意妄為，勢必搬起石頭砸自己的腳。理解並遵循社會運動發展的不變規律必須始於「理性」。社會運動的暫時勝利激勵著運動參與者熱情似火，社會輿論的讚揚與褒獎使運動參與者躊躇滿志，然而，「過度熱情」與「盲目自信」卻使他們駛入「非理性」的軌道，使他們完全背離了社會運動發展的不變規律，從而導致了社會運動的意料之外的結果。

第二章
1989年中國學生民主運動簡要歷史
（自1989年4月15日至1989年6月4日）

4月15日

- 長期擔任中國共產黨重要領導職務的領導人胡耀邦，於1989年4月8日在出席中央政治局會議時，突發心肌梗塞，經全力治療，未能挽救，於4月15日逝世，享年73歲。胡耀邦於1982年9月至1987年1月曾經擔任中國共產黨中央委員會總書記，後任中央政治局委員。
- 噩耗傳來，成千上萬的中國人無比震驚。胡耀邦是二十世紀八十年代中國實行改革開放的總設計師之一。人民群眾認為他是傑出的政治家和卓越的國家領導人。
- 成千上萬的中國人認為中國不但需要經濟改革，而且需要政治改革。他們曾一直把中國政治的改革寄託在胡耀邦身上。在1989年的中國，貪污，受賄，用不正當手段謀取暴利以及蔑視法律，已達到了無以復加的程度；官場的腐敗及道德敗壞無處不在。公開悼念胡耀邦使人們終於有機會表達心中按捺不住的怒火。
- 大字報出現在北京六至七所大學的校園中（在中國，大

字報通常是人們表達不同意見甚至表示抗議的一種傳統工具。大字報張貼在牆上，字體大而醒目，奪人眼球），以下摘自4月15日的大字報：「胡耀邦的去世是中國民主與自由的巨大損失。」「政府無能，社會腐敗，統治者獨裁，知識份子貶值：這就是我們的社會，這就是現實，這是我們的悲劇」（中國日報，1989年4月16日）。

4月16日

- 北京市民自發地聚集在天安門廣場人民英雄紀念碑，表達他們對胡耀邦逝世所感到的震驚和悲痛。
- 北京十七所大學的校園內出現了許多新的大字報，要求更多的民主和自由。

4月17日

- 自4月15日以來，連續三天，數以千計的學生和北京市民將胡耀邦的肖像和花圈安放在人民英雄紀念碑。他們將寫好的大字橫幅展開，表達心中的悲哀和憤怒。橫幅上寫著：「應該活著的，死去了；應該死去的，卻還活著」（中國日報，1989年4月18日）。
- 中午時分，包括600名學生哀悼者的第一支遊行隊伍開始向天安門廣場進發。晚上，由2000名學生組成的第二支隊伍出發，目標也是天安門廣場。一路上，他們高呼口號：「打到腐敗，民主萬歲」（中國日報，1989年4月18日）。

4月18日

- 第二支遊行隊伍到達天安門廣場後,學生領導人之一,王丹,代表學生向全國人民代表大會常務委員會提交了一份請願書,其中包括以下七點要求:
  1. 重新評價胡耀邦對中國的貢獻,原有的評價過低。
  2. 立即停止和取消「反對資產階級自由化」和「反對精神污染」的政治運動。
  3. 建立和健全相應的制度,以抑制官場的腐敗和特權。
  4. 允許言論自由。
  5. 保護群眾遊行示威和舉行抗議活動的權利。
  6. 增加政府對教育事業的財政支出。
  7. 廢除北京市政府關於反對遊行示威活動的有關規定。
- 全國人民代表大會的數位代表在廣場上接受了學生的請願書。
- 夜間,上萬名學生和北京市民佔領了天安門廣場,舉行了以爭取民主為宗旨的群眾集會。
- 數千名學生和市民離開了天安門廣場,聚集在中南海南門前,那裡是中國共產黨中央委員會所在地,也是政府高級領導人的居住地。學生們要求與國家領導人直接對話。

4月19日

- 示威者聚集在中南海南門,試圖強行進入,但被中南海警衛制止。一些示威者向警衛投擲瓶子和鞋。示威活動

- 持續了幾個小時，有少數幾人受了輕傷。現場的所有員警都沒有配備武器，整個事件是非暴力的。
- 北京市人民政府向聚集在中南海南門的人群宣讀了通告。通告指出，悼念活動出自於人民群眾對胡耀邦的熱愛和紀念，但某些別有用心的人借此機會煽動群眾和製造動亂。通告敦促人們離開中南海，人群逐漸散去。
- 大約20,000至30,000人聚集在天安門廣場，這是示威活動持續進行的第三天。自4月17日以來的示威活動，明確要求政府進行政治制度的改革，要求與政府領導人直接對話，要求新聞自由，言論自由以及徹底解決腐敗問題。
- 晚些時候，數百名學生以及圍觀的市民又一次向中南海進發。當他們試圖進入中南海時，又一次被中南海警衛制止。

4月20日

- 在中南海南門的對峙仍在持續，政府用擴音器反復警告示威者，要求他們儘快離開。大多數人逐漸散去，大約200名學生拒絕離開。一隊沒有配備武器的員警進入現場，強行將這些學生拖上大型客車，送回學校。學生們因拒絕離開而遭到踢踹和毆打，員警的殘暴激怒了學生。
- 數千名學生舉行遊行示威，抗議員警的殘忍行為。

4月21日

- 人民日報（中國共產黨的機關報）和新華社（中國的官

方新聞機構）發表評論。這是官方對群眾悼念胡耀邦活動作出的第一次反應。摘錄如下：

- 「全體黨員和全國人民，包括知識份子和學生，懷著無比震驚和悲痛的心情，悼念已故的黨的領導人胡耀邦同志。他們深感痛失了一位卓越的領導人和一位良師。無論是有組織的還是自發性的悼念活動，都表達了他們心中無比的哀痛」（中國日報，1989年4月22日）。
- 「一群人試圖沖進新華門，沖進中國共產黨中央委員會的辦公地點。這是絕對不能允許的。任何人試圖侵犯全體人民的利益都將受到法律的制裁。任何人如果以「悼念」為名，企圖劫掠黨和政府機構，都將成為歷史的罪人」（中國日報，1989年4月22日）。
- 47位著名的知識份子發佈了致中國共產黨中央委員會，全國人民代表大會常務委員會和國務院的公開信，表達了他們對學生運動的支持。
- 40,000至50,000學生和北京市民聚集在天安門廣場，繼續悼念胡耀邦。
- 北京市政府宣佈，在4月22日胡耀邦同志的追悼會舉行期間，天安門廣場將關閉，禁止任何人進入。這一決定使人們非常氣憤，民眾認為政府剝奪了他們悼念胡耀邦的權利。
- 夜晚，聚集在廣場上的人群超過了100,000人；政府已經沒有可能關閉廣場。

4月22日

- 胡耀邦的追悼大會在天安門廣場上的人民大會堂舉行，大約100,000名大學生和北京市民站立在天安門廣場上，聆聽著從擴音器播放的追悼大會實況。
- 追悼大會結束之後，學生們聚集在人民大會堂前面，要求與李鵬總理進行直接對話。三位學生代表跪在人民大會堂的臺階下，雙手在頭頂上將請願書高高舉起，持續了四十多分鐘。學生們群情激憤，高聲喊道：「對話！對話！李鵬出來！」（中國日報，1989年4月23日）
- 李鵬總理始終沒有出來，學生們被激怒了。許多學生痛哭流涕，他們發誓將繼續為民主而戰。

4月23日

- 第一個非官方的學生組織，北京市高校學生自治聯合會（北高聯）（AUBUC，The Autonomous Union of the Beijing Universities and Colleges）成立了。在北高聯的第一次會議上，最重要的決定之一是在全市範圍內開展罷課運動。
- 在大學校園內，各種活動熱火朝天：示威遊行，寫大字報，召開學生會議，進行請願活動，等等。所有這些活動有一個共同的主旨：要求政府實行政治改革，針對政府對學生爭取民主的高漲熱情麻木不仁，冷若冰霜，展開批判活動。

4月24日

- 北京四十三所大學的60,000名學生參加了無限期的罷課運動。
- 在北京各個大學的校園內，各種相應的學生活動繼續進行。

4月25日

- 清華大學（中國最好的大學之一）的學生要求與政府高層官員進行對話，政府接受了這一要求，並安排了對話時間。
- 然而，這次對話被取消了，因為學生們沒有能夠選出參會的代表。
- 在政府各級官員中傳達了中央指示：（1）4月26日人民日報將要發表一篇重要的社論；（2）鄧小平，當時中國的第一號領導人，發表了關於學生運動的強硬講話。4月26日的社論是以鄧小平的講話為依據的。

4月26日

- 中國共產黨中央委員會機關報，人民日報，發表社論，「必須旗幟鮮明地反對動亂」。這篇社論把學生運動定義為「一場有計劃的陰謀」，「一次動亂」，「其實質是要從根本上否認中國共產黨的領導，否定社會主義制度」（中國日報，1989年4月26日）。社論號召人民要

「堅決地制止這場動亂」，如果「不堅決地制止這場動亂，將國無寧日」。這是政府對學生示威活動的第一次官方回應，釋放出的信息清晰明確：政府對學生的示威活動絕不姑息縱容，絕不聽之任之。
- 學生和普通市民對社論以及對政府拒絕承認他們所提任何要求的合法性，感到義憤填膺。
- 北京市高校學生自治聯合會計畫於4月27日進行一場大規模的遊行示威，抗議「人民日報」發表的社論。

4月27日

- 為了貫徹執行4月26日社論，北京市政府官員向中央政府保證，將盡一切努力阻止學生的示威遊行。北京的高等院校坐落在城市的西北，從那裡到天安門廣場的街道上，數千名全副武裝的員警組成了七道防線，用來阻止學生的遊行隊伍。
- 超過30,000名學生參加了遊行示威，以抗議4月26日社論。連綿不斷的遊行隊伍如潮水般從北京的西北郊湧入城內，勢不可擋。當遊行隊伍接近武裝員警組成的防線時，形勢看上去很緊張，圍觀群眾高聲鼓勵和讚揚學生，但學生們很克制，他們避免與員警發生直接衝突，只是高聲喊道：「人民警察愛人民」（中國日報，1989年4月28日）。與此同時，所有的武裝員警也都很克制，他們並沒有阻攔遊行隊伍，只是使示威者減緩行進速度，然後讓他們通過封鎖線。

- 大約有200,000名北京市民站立在從大學區通往天安門廣場的道路兩旁，親眼目睹了學生和員警之間的「無衝突互動」。市民們為學生鼓掌叫好。
- 在遊行隊伍中，學生們舉著橫幅，上面寫著他們支援中國共產黨的領導地位，他們要求更多的民主。整個遊行過程清晰地傳遞著如下信息：4月26日的社論對學生運動的評價是不正確的，學生所反對的只是官場的腐敗，而不是密謀推翻社會主義制度。
- 學生的遊行示威持續了整整十四個小時，所有參加的學生一致認為，這次行動是它們最成功的一次示威遊行，因為它的規模之大，史無前例；它的影響之深遠，難以估量。

4月28日

- 學生代表準備與政府官員進行對話。

4月29日

- 學生代表與中央政府和北京市政府的官員進行對話。一共有來自北京十六所大學的45名學生代表參加了對話，整個對話過程持續了三個小時。對話的題目包括政府對待學生運動的態度，政府官員利用職權謀取不正當的利益，教育問題以及共產黨的工作作風問題等。
- 國務院發言人指出，國務院總理李鵬委託他向學生們說明，4月26日社論所針對的不是學生，而是一小撮人的非

法行為。這位發言人還指出，學生們所提出的促進民主以及制止腐敗的要求，與政府的目標是完全一致的。
- 許多學生在校園裡觀看了與政府對話的電視實況轉播，他們對參與對話的45名學生代表身分的合法性提出了質疑。因為這些代表並不是通過學生選舉產生的，而是由官方的學生聯合會（全國學生聯合會和北京市學生聯合會）從學生中挑選的。
- 在對話過程中，一名學生代表要求政府給予在4月23日成立的非官方的學生組織－北京市高校學生自治聯合會－以合法地位。這一組織的領導成員是經過學生選舉產生的，但是，國務院發言人卻說：「我們不承認任何非法組織」（中國日報，1989年4月30日）。
- 政府對「北京市高校學生自治聯合會」的態度激怒了學生，因為學生們認為，「北京市高校學生自治聯合會」是真正領導學生民主運動的學生組織。
- 一些學生運動領導人在對話之後召開了新聞發佈會，他們宣佈，這次與政府的對話不是他們所要求的，「北京市高校學生自治聯合會」拒絕接受任何由官方學生聯合會所安排的與政府官員的對話。

4月30日

- 來自十六所大學的29名學生代表與北京市政府官員進行對話，參加者有北京市市長，中國共產黨北京市市委書記等。在對話過程中，根據學生的要求，他們公佈了自己的

個人收入，這在以前從來沒有發生過。大多數學生拒絕接受這次對話，因為這是官方的北京學生組織安排的對話。
- 各大學校園裡的大字報矛頭指向上述兩次與政府的對話，學生們之所以批判這兩次對話，是因為它們都是政府組織和安排的對話。學生們最強烈的呼聲是要求政府承認學生自己建立的組織——「北京市高校學生自治聯合會」——具有合法地位。

5月1日

- 「北京市高校學生自治聯合會」的代表在北京大學（中國最好的大學之一）召開新聞發佈會。40多名外國記者和數千名學生參加了會議。
- 「北京市高校學生自治聯合會」的發言人公佈了九份文件。其中最重要的一份文件，列出了學生要求與政府討論的七個問題：
  1. 重新評價胡耀邦對中國所作的貢獻
  2. 認可學生表現出來的愛國主義熱情，支持學生實現民主的要求
  3. 對4月20日員警在中南海前門對學生的粗暴行為展開刑事調查
  4. 解決日益蔓延的腐敗行為
  5. 實現言論自由
  6. 政府必須解釋其忽視教育的原因
  7. 政府在經濟改革中的錯誤政策

5月2日

- 學生們向全國人民代表大會常務委員會，中國共產黨中央委員會和國務院提交修改後的請願書，其中包括了他們一系列的要求。
- 學生在請願書中提出了進行對話的前提條件：雙方在對話過程中應當處於完全平等的地位；對話雙方應當抱有共同解決問題的誠意；參加對話的學生代表應當由學生選舉產生；應當允許「北京市高校學生自治聯合會」負責學生代表的選舉工作；政府方面的代表應當瞭解如何處理相關的國家事務，並且確實有決策權。
- 學生方面宣佈，截止到5月3日中午，如果政府對學生提出的各項要求不予答覆，則將在5月4日組織新的遊行示威。

5月3日

- 政府拒絕了學生提出的一系列要求。國務院發言人指出，政府願意繼續和學生代表對話，但是拒絕接受學生提出的進行對話的一系列前提條件。政府發言人指出「北京市高校學生自治聯合會」是不合法的學生組織；學生提出的進行對話的前提條件是「非理性的，感情用事的，是以最後通牒的方式威脅政府」（中國日報，1989年5月4日）。
- 「北京市高校學生自治聯合會」決定於5月4日組織一場大規模的示威遊行，抗議政府對學生請願書的反應。

5月4日

- 北京數十所大學的數萬名學生從學校遊行至天安門廣場,他們用標語和口號要求民主和新聞自由,要求和政府進行對話。學生們號召「弘揚五四精神」,五四運動是七十年前中國的第一次學生運動。在官方組織的紀念五四運動的大會結束不久,學生的遊行隊伍到達了天安門廣場。
- 學生運動領導人宣佈,長達兩周的罷課運動到此結束,號召學生們返回校園,恢復上課。與此同時,學生運動領導人重申了與政府對話的要求,並且發誓保留採取進一步行動的權利。
- 200多名北京的新聞工作者史無前例地加入了學生的遊行隊伍,要求新聞自由。
- 學生的示威遊行吸引了許多北京市民,但總人數低於4月27日的參與人數。
- 亞洲發展銀行正在北京召開第22屆年會。趙紫陽,中國共產黨中央委員會總書記,在接見亞洲發展銀行理事會成員時指出:「學生們絕對不是要反對我們的根本制度,而是要求我們把工作中的弊端改掉」(中國日報,1989年5月5日)。趙紫陽認為,學生的合理要求應該在民主和法制的軌道上解決,應該通過改革來解決,應該用符合理性和秩序的辦法來解決。趙紫陽指出,現在最需要的是冷靜,理智,克制和秩序。

5月5日

- 大多數參與民主運動的學生對趙紫陽的講話表示讚賞和擁護。他們認為，趙紫陽的講話語氣溫和，顯示了政府方面的誠意和理性。
- 學生中間出現了分歧。一部分遵從學生領導人於5月4日的號召，返回校園，恢復上課；另外一些學生則認為罷課應當繼續下去。
- 趙紫陽5月4日的講話對大多數學生起到了舒緩情緒的作用。民主運動開始走向低潮。

5月6日

- 雖然學生領導人在5月4日已經宣佈罷課結束，北京大學的許多學生仍然拒絕複課。堅持罷課的學生認為，民主運動的目標尚未實現，應該繼續示威遊行。他們堅持政府應該與學生運動的代表們對話，而不應該與官方學生聯合會的代表對話。
- 四名學生代表遞交請願書，要求與政府對話。二十四所北京的大學在請願書上簽了字。請願書是遞交給中國共產黨中央委員會，中國人民代表大會常務委員會以及國務院的。請願書要求進行「富有誠意的，建設性的以及公開的對話；對話的議題包括當前學生爭取民主的愛國主義運動；進一步的政治和經濟改革；促進民主和法制」（中國日報，1989年5月7日）。

5月7日

- 農業部部長何康和北京農業大學，北京農業工程學院的學生進行對話。
- 當其他學校的學生已經返回校園，恢復上課後，北京大學的學生領導人決定繼續罷課一周。

5月8日

- 遞交請願書的四位學生代表得到了中共中央辦公廳和國務院辦公廳信訪局局長的七點答覆：（1）今天下午，代表們的意見已被轉達給中央；（2）中央很重視我們提出的問題；（3）中央正在加緊研究；（4）留下了政法大學的電話號碼，有消息立即通知學生；（5）下次答覆不出此周；（6）人大常委會辦公廳另請聯繫；（7）理解你們焦慮的心情。

5月9日

- 「中國青年報」的工作人員向「中國記者協會」遞交了請願書，一千多名北京記者在請願書上簽了字。請願書要求與黨和國家領導人對話，要求建立新聞自由的制度。請願書批判了在報導學生運動時實行的官方審查制度。
- 超過1,500名學生遊行，支持新聞工作者的請願書。

5月10日

- 中共中央總書記趙紫陽在接見保加利亞共產黨訪華代表團時強調中國政治體制改革的重要性,但是他強調,政治體制改革的步子要穩妥。他指出所謂政治體制改革,中心是民主和法制建設。
- 數千名大學生騎著自行車在北京的主要街道上示威遊行,要求新聞自由,要求立刻和黨和國家領導人進行對話。他們的口號是反對一切有關當前學生運動的歪曲事實的報導。「北京市高校學生自治聯合會」組織了這次行動,這是自5月4日大規模的示威遊行活動以來,規模最大的一次活動。

5月11日

- 中共中央政治局常委胡啟立到「中國青年報」社,會見了在5月9日簽字並且遞交了請願書的新聞工作者。胡啟立聽取了請願者關於新聞改革的意見,他表示新聞改革非常重要,已經到了非改不可的時候了。
- 北京高校幾名學生5月6日向中共中央辦公廳和國務院辦公廳信訪局遞交了部分學生要求與中共中央、國務院領導同志對話的「請願書」之後,又有一些首都高校學生通過各種管道提出對話要求。幾名學生詢問對話的具體安排,中辦國辦信訪局負責人對此作了答覆。
- 學生的民主運動發展到了一個新的階段,與各級政府官

員的對話逐漸取代了學生的示威遊行和罷課。正在這個時候，傳來了蘇共中央總書記，蘇聯最高蘇維埃主席團主席戈巴契夫將於5月15日至18日訪問中國，並將與中國最高級別的領導人鄧小平舉行會談的消息。學生領導人認為這是一個突如其來的，千載難逢的機會。戈巴契夫在前蘇聯大刀闊斧地進行政治改革，得到了所有中國學生的愛戴和敬仰。學生領導人知道中國共產黨和中國政府非常看重戈巴契夫對中國的訪問，他們意識到，如果以干擾戈巴契夫的訪問為槓桿，可以有效地對政府施加壓力，迫使政府接受學生提出的各種要求。

- 歡迎戈巴契夫的重大儀式將在天安門廣場舉行；因此，學生領導人決定於5月13日在天安門廣場開始絕食示威。他們認為，這一計畫不僅會成為鼓舞學生士氣的一個重要轉捩點，而且將會把學生與政府談判時討價還價的能力提高到一個新的水準。

5月12日

- 中國人民代表大會常務委員會委員長萬里宣佈，人大常委會將於6月20日召開第八次會議，會期為一周。會議的主要議題是清查貪污腐化，考察學生在示威遊行中提出的各項要求，實施法制促進民主。大多數學生和北京市民對萬里的講話表示擁護和贊同。
- 遞交「請願書」的四名學生向中辦國辦信訪局送上了他們擬定的參加對話的部分學生名單。中共中央和國務院

有關部門與北京市有關方面就對話問題作了進一步研究，當晚與遞交「請願書」的學生進行聯繫，並商量了對話的有關事宜。
- 國務院發言人在新聞發佈會上勸告學生在中蘇高級會談期間要有所克制，不要舉行大規模的遊行示威。
- 學生們開始準備絕食。

5月13日

- 中共中央、國務院和有關部門負責人將於5月15日繼續同北京高校部分學生及各界人士座談對話。中共中央辦公廳和國務院辦公廳信訪局負責人將這一信息通知了5月6日送交「請願書」的北京高校學生。
- 中共中央總書記趙紫陽會見工人代表，共同討論了政治改革和學生運動。
- 李鵬總理在北京與鋼鐵工人對話，討論了中國的經濟形勢和學生運動。
- 大約有1,000名學生聚集在天安門廣場開始絕食，「抗議政府對這次學生愛國運動冠以『動亂』的帽子，以及一系列歪曲報導；抗議政府拖延與北京高校對話團的對話」（中國日報，1989年5月14日）。這些絕食學生的頭上都纏著白布條，他們有的通報自己學校的校名，有的大聲誦讀各種政治口號，強調這是一場愛國的、民主的學生運動，不是動亂，要求政府為這次學運正名並給予公正評價。

- 成千上萬的人聚集在天安門廣場。
- 學生絕食立即成為學生運動的焦點所在，北京市民關注著絕食學生，無論是年輕人還是老年人，無論是富人還是窮人，無論是接受過良好教育的還是半文盲，所有人都對絕食學生深表同情。絕食示威把學生運動推向了一個新的高潮。
- 中共中央書記處書記，中共中央統戰部部長閻明複與學生對話團以及絕食學生見面，共同安排了第二天的對話。
- 閻明複向中央高層領導人彙報了與學生見面的相關情況，高層領導人接受了學生的要求，同意對話。
- 夜晚，北京市醫療急救中心派出兩輛救護車前往天安門廣場，準備救助在絕食中發生意外的學生。

5月14日

- 淩晨，中共中央政治局委員，國家教育委員會主任李鐵映、中共北京市委書記李錫銘、北京市市長陳希同等來到天安門廣場，試圖勸說學生停止絕食，返回學校。
- 更多的學生參加絕食。
- 超過10,000名學生在天安門廣場遊行，聲援絕食學生。
- 天安門廣場上的圍觀群眾超過10,000人。
- 國家教委主任李鐵映，中共中央統戰部部長閻明複和尉健行與學生代表進行對話。與此同時，大約有1,000名學生在天安門廣場絕食。這是政府方面第一次與非官方學生組織選舉出的學生代表進行對話。參加對話的共有50

名學生代表，來自三十所北京的大專院校。會議開始時的氣氛很好，雙方都抱有誠意，富有理性。學生提出了兩項主要訴求：（1）對話應當現場直播，以便廣場上的絕食學生聆聽對話；（2）政府應當公正評價學生運動，承認它不是動亂。

- 三個小時後對話中斷。因為政府方面無法滿足學生提出的兩項訴求。
- 12名著名學者發出「我們對今天局勢的緊急呼籲」：（1）中央負責人應當宣佈學生運動是愛國民主運動，不應當對參加運動的學生秋後算帳；（2）學生組織是合法組織，政府應當承認；（3）反對對絕食學生採取暴力。與此同時，他們要求學生從中國改革的長遠利益著想，結束絕食，撤離天安門廣場，以便中蘇最高級會晤能夠順利進行。
- 10餘名絕食學生發生昏厥，北京市政府立即向天安門廣場派出醫生和救護車，昏厥的學生被送往醫院。

5月15日

- 全國學聯、北京市學聯邀請北京高校50多名學生在政協禮堂與李鐵映、閻明複等對話。學生要求政府公正評價學生運動，承認它不是動亂。閻明複說：「我對整個學生運動的主流是肯定的。但對這期間出現的一些問題也感到憂慮，絕食在一定程度上也影響了我們的形象。我希望同學們用自己的行動證明自己是有理智的。」李鐵

映說:「黨和政府的領導人在多次講話中肯定了廣大同學的愛國熱情和善良願望,但目前事態在進一步擴大。有些事不以人們的意志為轉移,希望同學們用冷靜、理智的行動,讓時間和實踐對學潮作出評價。」座談進行了3個小時,未能勸說學生停止絕食,學生也未能得到政府方面給予的滿意答覆。

- 絕食已進入第三天,參加絕食的人數還在增加。第一天絕食,有1,000人參加;第三天已達到了3,000人。因絕食而昏厥的學生人數也在不斷增加。截止到晚上6:30,已經有103名學生因絕食超過五十個小時而虛脫至不省人事。
- 大約1,000名以志願者身分,來自北京協和醫院的醫護人員以及協和醫學院的學生在天安門廣場,為絕食學生提供醫療救助。協和醫院是北京最好的醫院之一。
- 北京大學的教授們發佈了致黨和國家領導人的公開信,敦促他們盡可能快地與學生代表進行實質性的對話。超過500名教授在公開信上簽名,其中包括許多著名學者。公開信同時敦促政府儘早對已經持續了長達一個月的學生運動作出客觀公正的評價。
- 大約40,000名知識份子先後來到天安門廣場,對絕食學生表示支持。其中包括新聞工作者,作家,社會科學家以及自然科學家等。
- 超過100,000人在天安門廣場用各自不同的方式表達對絕食學生的支持。
- 戈巴契夫到達北京。歡迎戈巴契夫的儀式從天安門廣場

改至機場舉行。這一改變使得中國政府喪失顏面。
- 北京市紅十字會受政府委託，承擔了在天安門廣場對絕食學生實施醫療救助的任務。與此同時，數千名來自北京三十二所醫院的醫護人員，以自願者的身分，在天安門廣場救助絕食學生。

5月16日

- 天安門廣場上救護車的警笛聲此起彼伏，參加絕食的人數已經達到了3,147人。由於七十個小時沒有進食，617名學生由於昏厥被送進了急診室，有247名學生已經住院接受治療。
- 中共中央書記處書記，統戰部長閻明複在天安門廣場上講話。他告訴絕食學生以及圍觀者，政府絕對不會以任何形式秋後算帳，絕對不會打擊報復學生運動的參與者和支持者。他表明，他是代表中國共產黨中央委員會向學生作出這一保證的。他指出，黨內最高層將在近日召集會議，討論和研究學生提出的各項要求。在此期間，學生們有權利繼續各種示威活動。但是，他敦促學生停止絕食。
- 學生運動領導人贊成閻明複的講話。他們表示，閻明複的態度是真誠的。學生領導人要求其他學生相信他們。絕食學生的代表們投票表決，多數仍然主張繼續絕食，直到和政府達成滿意的明確協議為止。
- 大約有500,000至600,000人前往天安門廣場，對絕食學生

表示聲援和關切。他們中間有教師，教授，新聞工作者和工人。直至晚上7:30，人流繼續湧向天安門廣場，附近的主要街道水泄不通。
- 四十家北京醫院的負責人聚集在北京市急救中心，共同討論怎樣照料天安門廣場上的絕食學生。自5月15日凌晨，40多位醫生，護士以及救護車不分晝夜地守護著天安門廣場上的絕食學生。
- 中國共產黨最高領導人鄧小平在北京與前蘇聯共產黨中央總書記戈巴契夫舉行了雙方期待已久的會談，標誌著中蘇關係正常化的最終實現。會談沒有涉及正在進行的學生運動，戈巴契夫的訪問日程由於學生運動的影響，不得不作出相應的修改。
- 中國共產黨總書記趙紫陽在與戈巴契夫會談時指出：「鄧小平同志一直是國內外公認的我們黨的領袖。在前年召開的黨的第十三次全國代表大會上，根據鄧小平同志本人的意願，他從中央委員會和政治局常委的崗位退下來了。但是，全黨同志都認為，從黨的事業出發，我們黨仍然需要鄧小平同志，需要他的智慧和經驗，這對我們黨是至關重要的。因此，十三屆一中全會鄭重做出一個決定，在最重要的問題上，仍然需要鄧小平同志掌舵。十三大以來，我們在處理最重大的問題時，總是向鄧小平同志通報，向他請示」（中國日報，1989年5月17日）。
- 李鵬總理在會見戈巴契夫時指出，中國在政治改革的過程中，將進一步改變在自由，民主和人權方面的記錄。

- 北京十所大學的校長就學生絕食請願發表公開信，對天安門廣場的形勢感到十分焦急和憂慮。他們在公開信中指出：「作為大學的校長和同學們的老師，我們對同學們的健康和生命非常擔心，我們也為國家的前途擔憂，無論如何也不希望改革、開放和現代化建設的進程被打亂和中斷」（中國日報，1989年5月18日）。他們希望黨和政府的主要負責人儘快與同學們直接見面和對話。
- 12名絕食學生在天安門廣場拒絕接受救助，一滴水都不肯喝。來自北京市急救中心的醫護人員用蘸過水的棉簽反復擦拭他們的嘴唇，醫生們每隔半個小時就為他們檢測脈搏和血壓。

5月17日

- 中共中央總書記趙紫陽代表中央政治局常委向參加絕食的學生們發表書面談話。趙紫陽指出：「同學們要求民主和法制、反對腐敗、推進改革的愛國熱情是非常可貴的，黨中央和國務院是肯定的，同時也希望同學們能夠保持冷靜、理智、克制、秩序，顧全大局，維護安定團結的局面。請同學們放心，黨和政府絕不會『秋後算帳』」（中國日報，1989年5月18日）。
- 一位學生領導人告訴「中國日報」：「趙紫陽的書面講話沒有觸及我們提出的兩個基本要求：確認學生運動是愛國主義的民主運動；與學生進行實質性的對話。因此，我們認為趙紫陽的書面講話沒有達到我們的要求，

絕食請願將繼續」（中國日報，1989年5月18日）。
- 政府方面和學生的對話仍然陷入僵局。北京各界百余萬人走上街頭，彙集天安門廣場，舉行聲勢浩大的遊行，聲援3,000名在天安門廣場絕食請願的學生。參加遊行的有新聞工作者，工人，中學生，政府部門的工作人員，銀行職員以及中國人民解放軍非戰鬥人員等。這是自一個月以前胡耀邦逝世以來規模最大的一次示威遊行。
- 中國的九個民主黨派中的四個民主黨派負責人致函趙紫陽總書記，建議中共中央、國務院的主要領導人儘快會見學生，進行對話；以促使靜坐絕食的學生儘快停止絕食，返回學校。他們的緊急呼籲得到了中國全國文學和藝術聯合會以及中國婦女聯合會的回應。
- 1,000多名志願醫護人員，身著白色工作服，攜帶著急需的生理鹽水和葡萄糖來到絕食學生身邊，實施各種救助。截止到晚上6:00，1,768名絕食學生昏厥並立即被送往醫院。中共中央政治局委員，國家教育委員會主任李鐵映前往醫院看望學生。
- 全國二十個省會舉行示威遊行，聲援北京的絕食學生。在上海，約60,000名學生在市政府門前和人民廣場上靜坐示威，其中有500名學生開始絕食請願。
- 當超過1,000,000人走上北京街頭聲援絕食學生，在中國做生意的外國商人們既驚訝又擔心。日本電信電話株式會社（Nippon Telegraph and Telephone Corporation）駐北京代表處的副主任告訴「中國日報」（China Daily），

他和他的同事們原本對示威遊行感到十分緊張；但是他們發現，參加遊行的人都表現出一種極其喜悅的心情，他們的恐懼和擔憂也隨之消失了。他說，他去了天安門廣場，所見所聞令他十分感動。他看到普通群眾在那裡自發的維持秩序，以保證醫療救護車可以從學生絕食區順暢出入。他說：「這場運動如何結束，對我們非常重要。我們希望形勢不要惡化」（中國日報，1989年5月18日）。（1989年，日本電信電話株式會社在中國的業務包括為郵電部，鐵道部和國家信息中心提供通訊技術和設備。）

5月18日

- 淩晨5:00，中共中央總書記趙紫陽，總理李鵬和中共中央政治局其他常委到醫院看望絕食病倒學生。
- 數千名北京學生進入絕食第六天，超過2,000名學生因絕食昏厥，被送進醫院。首都各界人士繼續上街遊行，從四面八方走向天安門廣場。「孩子挨餓，我們心疼」、「救救孩子」等醒目橫幅，隨處可見。救護車進進出出，尖厲的呼叫不絕於耳。絕食學生三三兩兩地躺在廣場上，表情木然。每當醫護人員將昏厥的學生抬進救護車時，圍觀的群眾都泣不成聲。許多大學教授專門來到廣場，看望自己的學生，他們不停地用手帕擦拭著眼淚。
- 北京下雨。在下雨之前，北京市公交公司提供了九十餘輛大轎車，使絕食學生轉移到車內，免受雨淋。北京塑

膠廠送來不少塑膠薄膜，民青商店送來上萬件塑膠雨衣。北京市民為參加請願的其他學生帶來了食品和捐款。一位絕食學生告訴記者：「我感動得熱淚盈眶。下雨之後，醫生和護士們在我們頭頂上撐起了塑膠布，而他們自己卻淋在雨中」（中國日報，1989年5月19日）。

- 連續第二天，北京有超過1,000,000人走上街頭聲援絕食學生。引人注目的工人遊行人數顯著增加，他們第一次發出自己的吶喊，而不只是表示對學生的聲援。「北京工人自治聯合會」（The Beijing Workers' Autonomous Union）正式成立。

- 「人民日報」（People's Daily）作為中國共產黨的機關報連續刊登來自社會各界的呼籲書，敦促黨和國家領導人儘快與學生進行建設性對話。發出呼籲書的包括中國科技大學的18名教授，20名著名的作家和經理以及北京十個大工廠的廠長們。

- 李鵬總理和參加絕食的學生代表在天安門廣場人民大會堂進行對話。李鵬強調，當前的首要問題是保證絕食學生的生命安全。但是，他沒有接受學生提出的最主要的要求，即肯定這次學生運動是民主愛國運動，而不是所說的「動亂」。他說：「事態的發展不以你們的善良的願望、良好的想像和愛國的熱情為轉移。事實上現在北京已出現秩序混亂，並且波及到全國。我沒有把這個責任加給同學們的想法，絕對沒有這個意思。現在這個事態，已是客觀存在。北京這幾天，已經基本上陷入了無

政府狀態」（中國日報，1989年5月19日）。在對話過程中，一些學生質疑李鵬總理的誠意，並威脅要退出會場。這次對話沒能解決學生和政府之間的分歧。

- 和李鵬總理的會面結束之後，學生領導人宣佈了一系列新的要求，其中包括要求中央政治局和全國人民代表大會常務委員會立即召開緊急會議。會議應當明確指出，學生運動是愛國的民主運動，應當承認這次學生運動的偉大意義。應當對於那些對學生正當要求置之不理的政府官員實施法律制裁；正是由於這些官員的冷漠無情，使得不滿情緒得以擴散。

- 中國報刊的一些政治評論員召集了緊急會議，研究國家當前十分緊迫的政治形勢。他們指出，黨和國家領導人，無論如何都不應當錯失機會，解決學生的請願問題。他們認為，國家領導和社會各界都應該學習怎樣尋求妥協調和，建立共識，朝著民主和法制的國家政治現代化方向前進。

- 晚6:00，北京市醫療急救中心報告，自絕食開始六天以來，共有3,504名絕食學生曾經被送進急診室，2,457名學生曾經住院治療。

- 由於學生代表和李鵬總理對話時發生的衝突，到了晚上，天安門廣場上的氣氛逐漸緊張起來，這使得雙方都沒有太多的迴旋餘地了。

5月19日

- 淩晨,中共中央總書記趙紫陽、國務院總理李鵬等領導人到天安門廣場看望絕食學生。當趙紫陽和李鵬走近學生棲身的大轎車時,許多學生鼓掌歡迎,其他學生則把手臂伸向窗外,爭相與黨和國家領導人握手。趙紫陽眼中含著淚水,懇請同學們儘快結束絕食:「同學們,我們來得太晚了,對不起同學們了。你們說我們、批評我們,都是應該的。我這次來不是請你們原諒。我覺得,我們的對話管道還是暢通的,有些問題需要一個過程才能解決。比如你們提到的性質、責任問題,我覺得這些問題終究可以得到解決,終究可以取得一致的看法。但是,你們也應該知道,情況是很複雜的,需要有一個過程。你們不能在絕食已進入第7天的情況下,還堅持一定要得到滿意答覆才停止絕食」(中國日報,1989年5月20日)。趙紫陽講話結束後,同學們紛紛請他簽字,趙紫陽在學生們的帽子上和襯衫上簽字留念。
- 自5月16日以來,許多外地的大學生成群結隊地來到北京,聲援天安門廣場上的絕食學生。5月19日,有50,000名學生到達北京,這使外地學生來京人數達到最高峰。在鐵路員工的幫助下,來京學生中的許多人獲得了免費車票。
- 晚上,中共中央、國務院召開中央和北京市黨政軍幹部大會,號召大家緊急動員起來,堅決制止在首都已經發

生的動亂,迅速恢復各方面的正常秩序。李鵬在講話中說:「當前首都形勢相當嚴峻,無政府狀態越來越嚴重,法制和紀律遭到破壞。北京的事態還在發展,而且已經波及到了全國許多城市。……現在已經越來越清楚地看出,極少數極少數的人要通過動亂達到他們的政治目的,這就是否定中國共產黨的領導,否定社會主義制度。他們公開打出否定反對資產階級自由化的口號,目的就是要取得肆無忌憚地反對四項基本原則的絕對自由。他們散佈了大量謠言,攻擊、污蔑、謾罵黨和國家主要領導人,現在已經集中地把矛頭指向為我們改革開放事業做出了巨大貢獻的鄧小平同志,其目的就是要從組織上顛覆中國共產黨的領導,推翻經過人民代表大會依法產生的人民政府,澈底否定人民民主專政;他們四處煽風點火,祕密串連,鼓動成立各種非法組織,強迫黨和政府承認,就是要為他們在中國建立反對派、反對黨打下基礎。如果他們的目的得逞,什麼改革開放,什麼民主法制,什麼社會主義現代化建設,都將成為泡影,中國將出現一次歷史的倒退。一個很有希望很有前途的中國,就會變成沒有希望沒有前途的中國」(人民日報,1989年5月19日)。李鵬代表黨中央和國務院號召全黨全軍全國各族人民,和衷共濟,團結一致,立即行動起來,在各自的崗位上為制止動亂和穩定局勢作出貢獻。

- 中共中央總書記趙紫陽拒絕參加上述重要會議,因為他反對實施戒嚴令。6月24日,中國共產黨的十三屆中央

委員會第四次全會，撤銷了趙紫陽的總書記、政治局常委、政治局委員、中央委員和軍委第一副主席的一切職務。會議認為：「趙紫陽同志在關係黨和國家生死存亡的關鍵時刻犯了支持動亂和分裂黨的錯誤，對動亂的形成和發展負有不可推卸的責任，其錯誤的性質和造成的後果是極為嚴重的」（中國日報，1989年5月20日）。
- 晚上9:00，在天安門廣場絕食請願七天的北京部分高校學生宣佈停止絕食。

5月20日

- 凌晨3:00，天安門廣場上的大多數學生停止絕食。廣場上的高音喇叭反覆播放著李鵬總理在5月19日大會上的講話，學生們開始返校或者回家。然而，廣場上仍然滯留著數千名學生，其中包括已經進入第八天的絕食學生。
- 清晨，中央政府在官方電視臺宣佈，軍隊正在開進北京，以平息動亂。學生和北京市民開始自發地在北京各個主要的路口設置路障，阻止軍車進京。他們推倒大轎車和無軌電車，用垃圾桶，道路分割樁以及一切在附近可以找到的物件作為路障。根據北京市副市長張百發提供的信息，一共有二百七十三輛大轎車和無軌電車被推翻作為路障。
- 運送士兵的軍車從駐地開往北京，以實施戒嚴令。當他們向市區進發時被各種路障所阻攔。學生與北京市民稱士兵們為「人民的軍隊」，熱心地為他們提供早餐。

- 李鵬總理簽署國務院令，北京部分地區實行戒嚴。戒嚴令如下：鑒於北京市已經發生了嚴重的動亂，破壞了社會安定，破壞了人民的正常生活和社會秩序，為了堅決制止動亂，維護北京市的社會安寧，保障公民的生命和財產安全，保障公共財產不受侵犯，保障中央國家機關和北京市政府正常執行公務，國務院決定：自1989年5月20日上午10時起在北京市部分地區實行戒嚴。

- 與此同時，北京市市長陳希同簽署了三項北京市人民政府令。摘錄如下：（1）在戒嚴期間，嚴禁遊行、請願罷課、罷工和其他聚眾妨害正常秩序的活動；（2）嚴禁任何人以任何方式製造和散佈謠言，進行串聯、演講，散發傳單；煽動社會動亂；（3）在戒嚴期間，發生上述應予禁止的活動，公安幹警、武警部隊和人民解放軍執勤人員有權採取一切手段，強行處置。（中國日報，1989年5月22日）

- 十分明顯，戒嚴令並未得以實施。絕食結束以後，超過200,000名學生在天安門廣場開始和平靜坐示威，抗議戒嚴令。

- 大約有1,000,000人湧上北京街頭，遊行反對戒嚴令。絕大多數示威者的標語和口號都是批判國務院的主要負責人。其他的包括「撤走軍隊，解除戒嚴令」，以及「維護憲法，保證人權」（中國日報，1989年5月21日）。

- 夜晚，北京市民自發地聚集在外地進京的各個主要路口，構築路障，以阻擋軍隊進入北京。

5月21日

- 戒嚴部隊指揮部發佈告北京市民書,書中指出,執行戒嚴任務完全是為了恢復正常秩序,決不是對付學生,希望學生和社會各界人士能充分理解並給予大力支持協助。與此同時,軍隊正在北京郊區集結待命。告北京市民書保證「執行戒嚴任務的部隊,將嚴格遵守各項紀律,並在部隊中開展『熱愛首都,熱愛首都人民,熱愛青年學生』的教育」(中國日報,1989年5月22日)。
- 天安門廣場上2,000名絕食學生開始進食,他們加入到數萬名其他學生的和平靜坐示威之中,要求政府解除戒嚴令。
- 超過1,000,000人走上街頭,來到天安門廣場,日復一日地抗議實施戒嚴令。東西長安街上,人流夜以繼日。
- 當載有士兵的軍車被構建的路障堵住去路時,北京市民們充滿激情地向士兵們解釋他們為什麼設置路障,為什麼阻擋軍隊進城。「我們不是你們的敵人,我們和你們是同志和戰友」(中國日報,1989年5月22日)。北京市民為軍人送上報紙,香煙和各種飲料。一位老年婦女甚至躺在軍車前面,用身體阻攔軍車行進。她說:「如果你們想往前走,就從我身上壓過去」。隨後,她從家裡拿來了饅頭和飲用水,送給被圍困在公路上的士兵。這些士兵的年紀和學生們的年紀相仿,這位老年婦女在和士兵們說話時,就像母親和兒子在聊天(中國日報,

1989年5月22日）。
- 八位軍隊最高級將領敦促政府不要用軍隊鎮壓學生。
- 北京市副市長張百發在北京電視臺發表講話，呼籲不要設置路障，因為路障影響北京市人民生活必需品的運輸。張百發說，現在北京市煤氣、液化氣告急，電熱告急，菜奶蛋等主要副食品運不進來，垃圾運不出去。這一切問題的關鍵是交通。他呼籲全市人民維護公共交通秩序，保持公共電汽車線路的暢通。
- 北京城內，謠言四起，傳說當天晚上軍隊就要鎮壓學生。天黑後，成千上萬的北京市民湧上街頭和天安門廣場。他們繼續不停頓地設置路障。廣場上的學生在焦慮和不安中度過了一夜。
- 晚上，部分學生代表來到聶榮臻元帥和徐向前元帥的住所，遞交了信件。學生在信中要求他們阻止軍隊鎮壓學生。兩位元帥分別回復了學生，他們指出，所謂「軍隊鎮壓學生」純屬謠言，請學生們不要輕信；軍隊到北京來，實施戒嚴，完全是為了維護首都的社會秩序和安定。希望同學們為了國家尊嚴、首都的秩序、市民的生活、自己的健康和學習，能儘快撤離天安門廣場。
- 學生運動領導人展開辯論，是繼續靜坐示威，還是返回校園。反對繼續靜坐的學生領導人主張開展長期的民主運動。雙方爭論以無結果告終。

5月22日

- 清晨，二環路上的路障全部被清除。二環路是圍繞北京市中心的二十四公里長的一條主要的環形街道。
- 學生們踴躍參加了清除路障的工作，以確保北京的交通暢通。學生們工作很努力，他們在同一時間執行著多重任務：在天安門廣場上和平靜坐，與被困在軍車上的士兵談心以及幫助政府維持北京人民的日常生活秩序。
- 北京市人民政府和戒嚴部隊指揮部發佈關於儘快恢復首都正常秩序的通告。
- 北京地區實行戒嚴令的第三天，北京城區的氣氛趨於緩和，多數市民表現沉著。天安門廣場比較平靜，學生仍在靜坐。許多北京的大學生已經返回校園，上萬名從外地趕來的大學生滯留在廣場上。北京市民和工廠工人為外地學生送餐送水。數輛救護車仍然停在廣場上，以志願者身分趕來的醫生和護士照料著生病學生，並向學生分發藥物。
- 北京火車站盡最大努力幫助外地來京學生返回家鄉。在天安門廣場上，北京鐵路局設立了數個服務台。所有外地學生憑藉本人學生證，便可以領取免費返鄉的火車票。大約有13,000名外地學生在北京參加了一兩天的遊行後，便返回原住地。但是仍然有大約70,000名外地大學生滯留在北京。提供免費車票的時間是5月22日至5月25日。

- 下午，數千名北京知識份子，包括許多新聞工作者，遊行至天安門廣場，聲援學生。
- 下午，北京四通公司總經理萬潤南召集北京和外地近八十所高校的近百名靜坐學生負責人開會。萬潤南對學生領袖們建議說，「現在，你們應該不失時機地撤離廣場，主動地撤回學校，再堅持校園鬥爭。這樣，你們就會受到整個社會的讚揚」（中國日報，1989年5月23日）。四通公司的倡議書上提出：撤銷戒嚴，軍隊回去，學生撤離，恢復秩序。我們呼籲：迅速召開人大常委會和中央全會，按照民主和法制的程式討論並接受愛國學生和全國人民的正義要求。但是，廣場上的學生拒絕撤離。
- 北京高校學生自治聯合會主席吾爾開希，在沒有和其他學生領導人商議的情況下，要求學生撤離天安門廣場。吾爾開希被撤職，北京高校學生自治聯合會建立了集體領導制。
- 執行戒嚴任務的一些受阻解放軍部隊仍在原地待命，也有一些部隊向後移動了。
- 中央電視臺的記者採訪了前來北京執行戒嚴任務的解放軍官兵。採訪摘錄如下：「我們的部隊沒有進到天安門廣場。我們受到了人民群眾的阻攔，沒有辦法前進。上級讓我們原地待命。」「我們來到之後，看到大學生比較理智，和我們想的一樣避免發生衝突。我們來到以後，也是按照軍委的要求維護社會秩序。但人民群眾不

瞭解我們，尤其是昨天上午很多人說了一些不友好的話。我們教育部隊對於這些不要理睬，儘量避免發生衝突。在這一方面，大學生也協助我們做了許多工作。到目前為止，我們的部隊沒有與大學生和人民群眾發生一次衝突。」「我們的戰士昨天一天在車上，太陽曬，吃不上飯，但是他們都嚴守紀律。今天（上級）讓我們撤回去，但是由於種種原因沒有撤回。我們的戰士沒有帶被子，雨布也沒有，現在都躺在地下。剛才我看了看，也非常心疼。我告訴我們的幹部，四點之後，天氣涼了，也很潮，要把戰士叫醒，起來坐一坐，再回到車上。」「北京市民為我們解決了食物和飲水問題，他們送來了麵包、饅頭、稀粥和鹹菜」（中國日報，1989年5月24日）。

5月23日

- 數千名學生仍然在天安門廣場靜坐，下午，大雨磅礡，學生們紛紛尋求地方避雨。北京市民響應紅十字會的號召，為廣場上的學生們送來了衣服和被褥，抵禦夜間的寒冷。

- 下午，大約1,000,000人冒雨走上街頭，這是自從公佈戒嚴令以來最大規模的反對實施戒嚴令的示威遊行。遊行隊伍中不僅有大學老師和學生，還有新聞工作者，文藝工作者，科學工作者，工人以及政府機關工作人員。遊行隊伍中大多數標語口號的內容是反對國務院主要領導

人，其他口號則是「撤銷戒嚴，軍隊回去」以及「維護憲法，保證人權」（中國日報，1989年5月24日）。

- 知識份子聯合會（The Association of Intellectuals）成立，號召所有的知識份子參加示威遊行，以抗議戒嚴法。
- 代表其他專業人員與普通市民的各種聯合會（Many Other Associations）也紛紛成立。北京市民個個喜氣洋洋，因為他們成功地阻止了軍隊進城。
- 北京各界人士聯合會（The Joint Federation of All Circles）宣佈成立，這一組織包括了各行各業的參與者。雖然主要成員是學生和知識份子，但一切在民主運動中湧現出來的政治力量都包括在內。
- 中國紅十字總會發出緊急呼籲，指出廣場目前環境惡劣，隨時可能發生大規模的疾病爆發流行，後果不堪設想。因此，學生應儘快撤離廣場。學生撤離後，政府要保證同學生代表對話管道的暢通，保證履行對學生不搞秋後算帳的諾言。
- 連續四天晚上，北京市民擔心執行戒嚴令的解放軍進城後發生流血事件，他們自發地聚集在郊區進入市區的一些主要交通路口，繼續設置道路障礙，阻止軍隊入城。
- 大多數原定進入北京執行戒嚴令的軍隊，由於群眾的阻擋，在北京郊區滯留了四天之後，撤退至北京西郊的臨時營地。其結果，北京西南方運載軍隊的軍車已經全部撤退。在那裡，當地居民已經連續兩天在阻止軍車前行。

5月24日

- 數千名學生繼續在廣場靜坐。天安門廣場總指揮部（The General Headquarters of Tiananmen Square）成立，其任務是管理在廣場上的學生。
- 北京工人自治聯合會成立後，以波蘭的團結工會（Solidarity: Polish Trade Union）為模型，與北京市高校學生聯合會同屬非政府的群眾組織。它的成立是對官方的全國總工會的挑戰。
- 北京市的所有公共交通和地鐵恢復了正常運行。城市的社會秩序也恢復了正常。
- 奉命到北京執行戒嚴令的軍隊仍然被學生和市民阻擋在北京郊區。其中一些已經撤退，看上去軍事鎮壓的威脅已經不復存在了。但是戒嚴令仍然沒有廢除，士兵們仍然沒有離開北京。

5月25日

- 李鵬下午會見三個國家的新任駐華大使，向他們介紹了中國當前的形勢。李鵬說，戒嚴已進入第6天，戒嚴部隊遇到阻攔，沒有進入北京市中心地區。有常識的人都會看到，這不是因為部隊沒有進城的能力，而是因為我們的政府是人民的政府，解放軍是人民的子弟兵。在人們還沒有充分理解戒嚴意義的情況下，為了最大限度地避免衝突，軍隊表現了極大的克制。

- 20,000至30,000名知識份子參加了由知識份子聯合會組織的反對戒嚴法的示威遊行。許多北京市民也加入到遊行隊伍中。下午起，東西長安街和廣場周圍的遊行隊伍一時不見頭尾。
- 國務院發出關於堅決制止各地學生衝擊鐵路、強行乘車進京的緊急通知。

5月26日

- 街上沒有出現遊行隊伍。
- 在高達36°C的酷熱氣溫下，天安門廣場上的許多靜坐示威的學生紛紛轉移到人民大會堂和歷史博物館前的樹蔭裡。大量不少連日請願疲憊不堪的學生已返回學校，其中也有人清晨回校，傍晚重返廣場。
- 大約有100,000名外地學生已經乘火車離開北京，返回他們的學校所在地。雖然仍然有數千名外地學生進京，根據鐵道部的統計，離京學生的數量超過來京的。
- 根據「解放軍報」（Liberation Army Daily）報導，奉命進京執行戒嚴任務的解放軍官兵認為，他們已經贏得了當地居民的信任和理解。一位軍隊幹部告訴記者：「我們是人民的軍隊，我們將一如既往地為人民服務。我們怎麼會向自己的人民開槍？」（中國日報，1989年5月27日）。

5月27日

- 北京各界人士聯合會召開會議，所有的領導人投票決定，學生應該撤離天安門廣場。會議計畫於5月30日組織一次大規模的遊行，慶祝學生民主運動的勝利，然後從天安門廣場撤出。然而，來自天安門廣場總指揮部的學生領導人很快就改變了主意。因為天安門廣場上主要是來自外地的學生，他們剛剛到達北京一兩天，希望能夠參與更多的行動。這些學生希望能在廣場上堅持到6月20日，因為全國人民代表大會常務委員會將在6月20日開幕。
- 北京已經實施戒嚴令八天了。大多數學生和北京市民逐漸確信人民解放軍絕對不會向人民開槍。
- 北京政府官員和醫務人員再次敦促學生撤離已經被嚴重污染的天安門廣場。
- 全國人大常委會委員長萬里在上海發表書面談話，他指出：「事態的發展已經走向廣大青年學生良好願望的反面。種種情況表明，確實有極少數極少數人在搞政治陰謀，利用學潮，蓄意製造動亂，嚴重干擾了北京乃至全國許多地方正常的社會、生產、工作、生活和教學、科研秩序，他們的目的就是要推翻共產黨的領導，改變社會主義制度。這是嚴重的違反憲法的行為」（中國日報，1989年5月28日）。

5月28日

- 這是海外華人約定的統一的示威遊行的日子。為了響應海外華人的活動，下午2時許，以高校學生為主體的遊行隊伍口號聲聲，通過長安街繞行天安門廣場。這一帶交通短時間內受阻。遊行隊伍包括學生，知識份子和工人，他們要求李鵬總理辭職，要求解除戒嚴法。參加遊行的人數明顯少於以前的示威遊行人數。
- 上萬名北京和外地的學生仍然滯留在天安門廣場。
- 雖然戒嚴法並沒有解除，市民們似乎已經失去剛公佈戒嚴令時的那種疑慮感，大小商店又是一派熙熙攘攘的景象。

5月29日

- 學生們就是否應該繼續在天安門廣場靜坐展開辯論，意見分歧。
- 北京大學8名教授和副教授聯名致信校領導，要求學生返校，恢復正常教學秩序。
- 國家教育委員會召開工作會議，敦促學生結束罷課。委員會宣佈，學生畢業及大學入學考試都將按原計劃如期進行。
- 北京八所高等藝術院校的20多名學生仿照紐約「自由女神」塑像，共同製作了「民主女神」石膏塑像，高達十米。當塑像於晚間運至天安門廣場時，有100,000名學生和工人聚集在廣場上歡呼喝彩。

5月30日

- 清晨,民主女神塑像聳立在天安門向南三百米處的廣場上,與城樓上的毛澤東像相對。塑像的揭幕典禮在中午12:00舉行,吸引了上萬人圍觀,許多外國記者在現場照相。
- 晚上,中央電視臺和中央人民廣播電臺宣讀了天安門廣場管理處的聲明,要求立即撤除這一「非法塑像」。聲明指出,「人民英雄紀念碑北側是我國每年重大節日時聳立革命先驅孫中山先生巨幅畫像的地方,在這個地方冒出一個什麼「女神」像,這是對我們國家尊嚴和民族形象的一種污辱和踐踏」(中國日報,1989年5月31日)。
- 女神塑像對於外地來京的大學生是一種號召力和一處集結點。因為絕大多數北京學生認為,他們在民主運動中的主要目標已經實現,當下的任務是遵循民主運動的長遠戰略,從長計議。但是,外地學生反對從天安門廣場撤離。
- 全國鐵路運輸基本恢復正常。超過200,000名從外地來京聲援學生運動的高校學生已經返回原住地。
- 來京執行戒嚴任務的解放軍官兵繼續遵循「熱愛首都,熱愛人民,熱愛學生」的指令,繼續駐紮在北京郊區(中國日報,1989年5月31日)。

5月31日

- 約有4,000名學生遊行至天安門廣場,抗議戒嚴法。
- 在天安門廣場通宵靜坐示威的學生,在5月中旬達到100,000至200,000人。5月底只有10,000人。雖然繼續在廣場靜坐示威的學生中,大多數都是外地學生,但是不少北京學生和北京市民仍然前往天安門廣場,所以白天在廣場的人數仍然居高不下。
- 許多學生領導人雖然已經投票贊成撤離天安門廣場,但他們後來又改變了主意,決定繼續在天安門廣場靜坐示威,直到6月20日,全國人民代表大會常務委員會例行會議開幕那一天。

6月1日

- 這一天是六一國際兒童節,通常父母帶著孩子去天安門廣場與家人一起慶祝節日。
- 學生仍然在廣場靜坐示威。

6月2日

- 四名知識份子在天安門廣場開始新的絕食行動,其中一名是來自臺灣的流行音樂歌手。他們站在位於廣場中心的人民英雄紀念碑前,招引來大批學生和市民圍觀。超過10,000人在現場對他們表示支持。
- 夜晚,在北京西郊,一輛三菱牌大型軍用吉普車與四名

行人相撞，其中三人死亡。當時吉普車上的牌照已經被取下，為的是避免這輛軍車遭到學生和北京市民的圍堵。但是，氣憤的圍觀者開始搗毀汽車。軍車衝撞行人並導致三人死亡的消息，立刻在北京全市傳開。人們開始質疑，大型軍用吉普的出現是否是軍隊入城的前兆。這起事件及大地刺激了學生，他們又開始走上街頭示威遊行。

6月3日

- 清晨，學生和北京市民攔截了幾輛大轎車，車上有機關槍，衝鋒槍，還有其他武器和軍事設備。這些轎車是在六部口被攔截的，六部口位於天安門西側路口，距離天安門廣場很近。自從5月20日頒佈戒嚴令以來，這是學生和市民們第一次親眼目睹軍事裝備被運送至城區。所有的圍觀者感到十分震驚，異常氣憤。有些學生拿著車裡的武器，爬到轎車頂上，向圍觀的人群展示手中的機關槍，以此證明軍隊已經進城了。下午2:00，圍觀的群眾已有數千人。政府用高音喇叭敦促圍觀群眾，立即退還從車裡拿走的武器，立即為裝載武器的大轎車讓開道路；並敦促人群馬上散開。這一切都預示著武裝鎮壓即將開始。圍觀群眾當時的反應是激憤而不是畏懼。高音喇叭的廣播結束不久，1,000多名士兵以及武裝員警沖進人群聚集的街道，向示威者投擲催淚彈，用警棍擊打擋住他們通路的平民。

- 沿著北京的主要街道長安街，學生，工人以及北京市民開始在主要路口修築路障，阻止軍隊進入天安門廣場。示威群眾包圍住軍車，有的甚至把汽車輪胎的氣全部放掉。大約有一周的時間，北京街道上曾經路面乾淨，交通順暢；現在又面目全非。
- 北京市各界人士聯合會召開會議，討論當時的形勢。雖然大多數領導人都同意，形勢日趨嚴峻，但沒有任何人認為政府會對學生運動進行武力鎮壓。
- 戒嚴部隊指揮部發佈緊急通告：「……近日來，極少數人製造謠言，惡意醜化、攻擊戒嚴部隊，用極其惡劣的手段，挑撥人民群眾和戒嚴部隊之間的關係，煽動一些人堵砸軍車、搶奪武器，毆打幹部戰士，盤查、圍攻軍人，阻攔戒嚴部隊的行動，蓄意製造事端，擴大動亂。極少數人的這種嚴重的違法行為，引起了廣大人民群眾和部隊官兵的極大憤慨，已經到了忍無可忍的地步」（中國日報，1989年6月5日）。
- 晚上，北京市人民政府和解放軍戒嚴部隊指揮部聯合發出了第二項及第三項緊急通告。主要內容如下：「當前北京的事態發展已十分嚴峻。極少數暴徒大肆製造謠言，煽動群眾，公然誣衊、圍攻、毆打和綁架解放軍戰士，搶奪軍火武器，圍堵中南海，衝擊人民大會堂，並企圖糾集各種勢力，隨時可能製造嚴重的暴亂。為了維護首都的社會秩序，保護廣大人民群眾，北京市人民政府、戒嚴部隊指揮部決不能置之不理。……戒嚴部隊，

公安幹警和武警部隊有權採取一切手段強行處置，一切後果由組織者肇事者負責。……從現在起，請你們不要到街上去，不要到天安門廣場去。廣大職工要堅守崗位，市民要留在家裡，以保證你們的生命安全，避免遭受不必要的損失」（中國日報，1989年6月5日）。

- 各種各樣緊張和不祥的跡象表明，武裝鎮壓迫在眉睫。晚上6:30，由政府控制的廣播電臺，電視臺和廣場上的高音喇叭，在整個北京城，一遍又一遍地反覆播出北京市人民政府和解放軍戒嚴部隊指揮部聯合發出的緊急通告，一直持續了整個晚上。廣播警告人們不要到街上去，否則，「一切後果完全由自己負責」（中國日報，1989年6月4日）。

- 在天安門廣場，學生們創建了一所新的大學，民主大學。開學典禮定於晚上10:00在天安門廣場舉行。民主大學的校長在開學典禮上宣佈，6月4日是開學的第一天。屆時將邀請許多著名的知識份子前來講授自由，民主，法制和人權。在場的大批學生無不情緒激動，鬥志昂揚。

- 當北京市人民政府和解放軍戒嚴部隊指揮部聯合發出的緊急通告在天安門廣場反覆播放之時，軍隊正在向北京進發。長安街是軍隊進入天安門廣場的必經之路，因此，軍隊與學生和北京市民爆發的第一起衝突是在西長安街上的首蓓地，距離天安門廣場三公里左右。

- 在首蓓地，數千名學生和北京市民，包括孕婦和十幾歲的女孩子，完全無視政府的緊急通告，聚集在街道上，

阻止軍隊進入市中心。自從5月20日戒嚴令發佈以來，他們一直在首蓿地設置路障，阻止軍隊入城。他們之中沒有任何人認為，解放軍作為人民的軍隊會向人民開槍。晚上大約10:30，攜帶著衝鋒槍和機關槍的軍隊，乘坐坦克到達了首蓿地。以往每當軍隊與學生發生衝突時，軍隊總是停止行進。但這次不同，軍隊沒有止步，而是強制學生和市民後退，一路向天安門廣場行進。憤怒的群眾開始向士兵投擲石塊和水瓶，正是那時，軍隊開始開槍。所有的在場學生和北京市民當時都無法相信軍隊開槍了這一事實。他們始終認為，軍隊如果開槍，使用的一定是橡皮子彈，其目的就是要把他們驅散開。但是，當他們親眼目睹身邊的人中彈身亡或者是受傷倒地，他們馬上意識到，軍隊用的是真槍實彈，軍隊確實在射殺手無寸鐵的群眾。

- 當鮮血已經染紅了首蓿地的街道時，天安門廣場上正在舉行民主大學的開學典禮。當時大約有100,000名學生和市民聚集在廣場上，他們幾乎都覺察到，為了實施一直都未能實施的戒嚴法，政府顯然正在改變策略，計畫採取新的行動。但是，學生和市民認為，政府所計畫的一切新行動都將無效；因為自從5月20號戒嚴法頒佈以來，民主運動照常發展，沒有受到絲毫影響。然而，當他們在天安門廣場聽到遠處傳來的槍聲，當有人從首蓿地和其他進京路口跑到天安門廣場，報告軍隊開槍了，軍隊打死了學生和市民，廣場上的學生和其他群眾無比震

驚。他們義憤填膺，仇恨代替了恐懼。雖然有一些人陸續離開廣場，但剩下的學生們仍然按照天安門廣場總指揮部的命令，聚集到了廣場中心的人民英雄紀念碑前。
- 當軍隊從東，西，南三個方向向天安門廣場挺進時，手無寸鐵的北京居民走上街頭，為了保護天安門廣場上的學生，他們盡一切努力阻擋軍隊進入城內。當衝突發生時，軍隊開火了。眾多群眾自發地騎著三輪平板車從人群中沖出，把受傷的人運往醫院。有些人因傷勢過重，在被送往醫院的路上死去。在附近各個醫院的急診室裡，病床已經不夠用了，受傷的學生和市民在地板上躺著，子彈擊中了他們的胃部，胸腔和頭部。

6月4日

- 在天安門廣場總指揮部，學生領導人正在爭論他們應該如何採取行動。一部分人堅持，無論在什麼情況下，絕不從廣場撤離。其他領導人則主張應當馬上撤離天安門廣場。主張留在廣場上的學生領導人之間又產生了分歧。一些人主張堅持和平，理性和非暴力的原則，另一些人則主張即使手無寸鐵，也要反抗到底。終於，天安門廣場總指揮部的領導人們達成了一致意見：留在廣場，堅持和平，理性以及非暴力的原則。
- 數千名學生一齊在天安門廣場宣誓，立誓將自己的生命奉獻給祖國的民主事業。
- 淩晨1:30，軍隊終於到達了天安門廣場，並立即將廣場

包圍。軍隊採取這一行動的目的並非是要立即佔領廣場，而是要建立一條警戒線，防止廣場外面的任何人進入廣場，同時清除廣場北面長安街上的人群。這時，仍然聚集在東西長安街的人群試圖衝破軍隊設置的警戒線，但遭到軍隊的反擊。每隔五到十分鐘，就有一連串子彈射向人群。人們立即散開，各自尋覓藏身之處，不少人躲到馬路邊的樹叢中。但是，只要槍聲一落，他們立即又聚集在街道上。每一次射擊之後，可見幾個人倒下，有的是被擊中死去，有的是身受重傷。

- 所有人都在擔心廣場上的學生，現在他們身處軍隊的包圍圈中，他們是否有生命危險？

- 凌晨3:00，當越來越多的軍隊到達天安門廣場後，自6月2日開始絕食的四位知識份子決定立即停止絕食。與此同時，他們決定說服學生改變計畫，不要繼續逗留在廣場，而應該立即撤離廣場。他們自願承擔與軍隊協商和平撤離的任務。

- 凌晨3:30，兩名知識份子作為代表，在廣場上會見了軍隊領導人。軍隊方面接受了學生和平撤離廣場的要求。

- 三十分鐘之後，凌晨4:00，廣場上的燈全部熄滅，一片漆黑。可以聽見裝載著士兵的坦克車在廣場周圍行進。

- 凌晨4:30，燈光亮了，廣場上又恢復了光明。學生們陸續從天安門廣場撤離。

第三章
政府威脅學生　結果適得其反：一個具有不完整信息的博弈論模型（A Game with Incomplete Information）

　　第一章的討論表明，1989年的學生運動催生了一個獨立的社會系統，這一系統所具有的各種特徵相互作用，導致了學生運動的悲劇性結局。這個社會系統由學生和政府兩個對立面組成，他們的行動相互影響，使得這一社會系統動感十足，特徵鮮明。學生運動的結局便是這一社會系統逐步發展，最終實現的平衡狀態。

　　這個社會系統具有哪些特徵？這些特徵怎樣影響著學生運動的發展和結局？本書將在第三章至第六章逐個介紹並討論這些特徵。本章將討論第一種特徵，它涉及政府對學生運動作出威脅的效力。例如：政府的威脅能有效地阻止學生運動嗎？在什麼條件下，這種威脅的結果不過是螳臂擋車？為什麼手無寸鐵的學生在全副武裝的員警面前會毫無畏懼？

　　1989年，學生運動出現後，中國政府採取的一個基本策略就是以「威脅」為手段，迫使學生停止一切抗議行動。第一次「威脅」是1989年4月26日在《人民日報》發表社論，

《人民日報》是中國政府所掌握的最重要的報刊。社論把學生運動的性質確定為「一場有計劃的陰謀」，「一次動亂」；「其實質是要從根本上否定中國共產黨的領導，否定社會主義制度」。社論號召全國人民要「旗幟鮮明地反對動亂」，「為堅決，迅速地制止這場動亂而鬥爭」。社論發表後，數千名全副武裝的員警即刻被部署在從北京西郊海澱大學區通往天安門的大道上。

學生們手無寸鐵，他們不知道全副武裝的員警是否會實施武力鎮壓。但他們決心已下，不甘心就此退縮。4月27日，三萬多名學生湧上街頭，沿著海澱大學區通往天安門的街道，繼續遊行示威。他們在全副武裝的員警面前，手臂挽著手臂，遊行隊伍一望無際，勢如破竹，迫使全副武裝的員警步步後退。至此，政府的「威脅」以失敗告終。在4月26日政府發表社論以前，參加示威遊行的人員總數為六萬，而4月27日，在政府作出威脅的第二天，高達二十五萬人參加了示威遊行。為什麼政府的「威脅」不起作用？

第一節 選擇最優策略的互動結構（Preference Structure）：雙方互動的機制

莫里斯（Morris）和赫林（Herring）（1987）在研究社會運動時指出，如果鎮壓的強度很高，而被鎮壓一方沒有實力對抗，社會運動的參與者往往被迫打退堂鼓。紮爾德（Zald）（1992）同樣強調政府在社會運動的興衰成敗中所

起的重要作用,「政府可能造成各種各樣的麻煩,迫使社會運動去面對和解決這些問題。一般來說,政府可以採用各種手段,促進或者阻止社會運動的發展,減少或者增加參與社會運動的成本,對社會運動採取合作與支援的態度,或者反對之」(1992,第339頁)。總而言之,長期以來,研究社會運動的各種理論有一個共同的核心假設:社會運動如何發展,其結果如何,政府的作用至關重要。參與者之所以打退堂鼓,是因為來自政府的高壓以及自身缺乏實力與政府對抗。然而,現實並非如此。很多證據表明,儘管社會運動的參與者手無寸鐵,他們仍然敢於與實力強大的政府對峙。當政府採取「威脅」手段後,他們以「抵抗」作出回應。為什麼上述核心假設與現實大相徑庭?

許多研究社會運動的學者曾經指出,社會運動和政府之間的互動是影響運動如何發展的關鍵因素(蒂利Tilly, 1978;麥克亞當McAdam, 1982, 1983;格蘭德和華萊士Grand II and Wallace, 1991;瓜達戈諾Quadagno, 1992;莫里斯Morris, 1983;庫普曼斯Koopmans, 1993)。遺憾的是,這些學者從來沒有明確指出怎樣研究這種互動,他們沒有提出任何與此相關的理論概念和術語,更沒有發展相應的研究技術。例如:存在於社會運動和政府之間的「選擇最優策略的互動結構(Preference Structure)」,是本章根據博弈論提出的核心概念,正是這一互動結構將雙方聯繫在一起。但是,上述那些學者在研究社會運動和政府之間的互動時,從未涉及這一概念,造成這一缺陷的原因是他們缺乏研究這種

互動結構的相應技術。

在由社會運動所催生的獨特的社會系統中，雙方「選擇最優策略的互動結構（Preference Structure）」處於核心地位。這一結構可以誘導，但同時也限制著雙方的決策。克雷普斯（Kreps）把這種「雙方選擇最優策略的互動結構」描述為「互動機制（The Mechanics of the Interaction）—誰做什麼，什麼時候做，掌握多少相關信息（Who does What When with What Information）」（1990b，第87頁）。科爾曼（Coleman）認為這一結構代表了「遊戲規則（the Rules of Game），當事人根據這些規則採取相應行動，從而完成從個人行動到系統結果的轉化（to Generate System Behavior）」（1993，第33頁）。莫羅（Morrow）（1994）認為，在這種互動過程中，雙方制定決策的規則，決策的相應結果以及公開的或者是隱蔽的各種可選擇策略，都具有結構性，即都是雙方相互影響的結果。關注「選擇最優策略的互動結構」無疑為研究社會運動與政府的互動提供了一個嶄新的理論框架。這一互動結構清晰地展示了決定雙方行為的不僅是其自身的計畫和目標，而且是對方的意願和行動。

研究社會運動的學者們通常採用一種非系統性的理論框架研究社會運動和政府之間的互動，遺憾的是，在這種理論框架中，看不到「互動機制」，看不到「選擇最優策略的互動結構」。社會運動的結果是存在於系統水準的社會現象，用一種非系統性的理論框架，很難正確地分析社會運動的結果。

第二節　描述社會運動發展的一個理論模型
（A Model of Theory）

為了研究把社會運動和政府相互結合的「選擇最優策略的互動結構」，首先要介紹一個描述社會運動發展過程的理論模型（An Extensive-Form Game），詳見圖3.1。

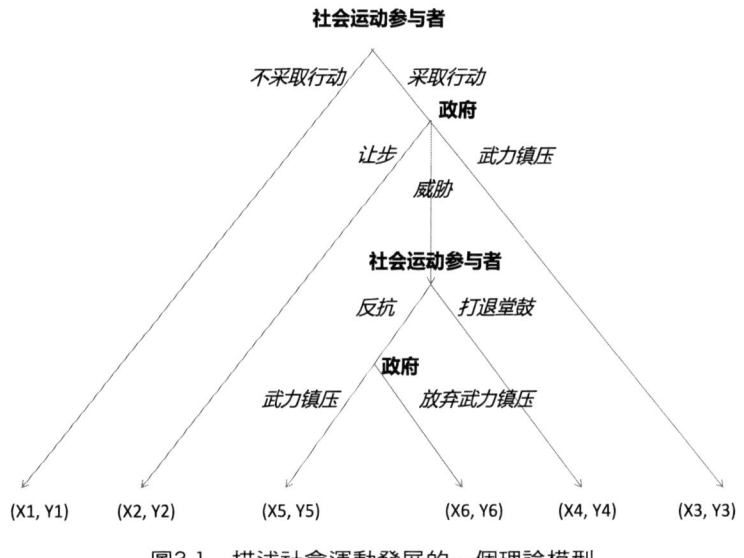

```
                    社会运动参与者
              不采取行动  /  \  采取行动
                       /    \
                            政府
                     让步  /  |  \  武力镇压
                         /  威胁  \
                            社会运动参与者
                         反抗  /  \  打退堂鼓
                             /    \
                           政府
                    武力镇压 / \ 放弃武力镇压

(X1,Y1) (X2,Y2) (X5,Y5) (X6,Y6) (X4,Y4) (X3,Y3)
```

圖3.1　描述社會運動發展的一個理論模型
（A Model of Movement Development）

圖3.1中的當事人是社會運動參與者和政府。這一模型顯示了：（1）雙方選擇各自策略的順序；（2）在每一個節點上，雙方有哪些可能選擇的策略；（3）雙方在選擇策略

時都掌握了哪些信息,例如:他們知道對方已經作出了哪些選擇。圖中的每個括弧內都有兩個元素,第一個元素代表第一位當事人,即社會運動參與者所獲取的報酬;另一個是第二位當事人,即政府所得的報酬。這裡的「報酬」泛指各自所選擇策略的相應結果。

伴隨著社會運動的發展,雙方的對峙逐漸升級。例如:社會運動的參與者首先走上街頭,遊行示威;政府隨即對社會運動的興起作出反應;然後社會運動對政府的反應再作出相應的反應。這一過程持續不斷,直至一方打退堂鼓。這一過程可能包括很多步驟,圖3.1的模型以其中的四個步驟,代表運動的發展過程。這是因為使用模型的優勢在於,它可以刪繁就簡,以利於深刻剖析雙方互動過程中的重要結構特徵。

根據圖3.1,第一步是社會運動的興起,在模型(game)頂端的節點,運動參與者有兩種選擇:「採取行動」或者「不採取行動」。第二步是政府對社會運動興起後所作出的反應。政府面臨很多選擇,為了便於討論,這裡將其簡化為三種可能的選擇:

1. 政府作出讓步,接受社會運動參與者的一切訴求,雙方博弈(The Game)終止。
2. 政府採取武力鎮壓,迫使參與者退縮,社會運動以失敗告終。雙方博弈(The Game)終止。
3. 政府以「威脅」代替「鎮壓」,公開嚴厲警告參與

者，如果他們拒絕退出社會運動，後果將是極為嚴重的。政府期望社會運動參與者迫於政府的壓力和恐嚇，自行退出。

當政府選擇「威脅」為策略，雙方博弈（The Game）便發展到第三步。運動參與者將必須對政府的「威脅」作出反應。通常情況下，「運動參與者會採取非暴力的手段與政府對峙，他們旗幟鮮明地反擊政府的威脅，繼續對相關政策提出抗議，並中斷政府機構的正常活動。因此，社會運動參與者的行動被視為非法」（庫普曼斯Koopmans, 1993，第640頁）。圖3.1以選擇「反抗」代表這種對峙，另一可能的選擇是「打退堂鼓」。

在第四步，政府將決定是否實施「威脅」，面對運動參與者公然蔑視各種威脅和恐嚇，政府必須決定是否動用武力。如果採取武力鎮壓，參與者將被迫退出社會運動，雙方博弈（The Game）終止。如果政府拒絕使用武力，雙方博弈（The Game）又返回原點。其後的第一種可能是運動將重複發展，第二種可能是政府接受社會運動參與者的訴求，雙方博弈（The Game）終止。

圖3.1是一個具有完整信息的動態模型（A Dynamic Game with Perfect Information）。在這個模型中，雙方所選策略的相應結果都是公開的信息。此外，每一方都可以根據「選擇最優策略」的原則，將各種可選擇的策略按順序排列（To Rank Their Payoffs in order of Preference），這種排列被

稱為「選擇順序（The Preference Function）」。在這個模型中，雙方的「選擇順序」也是公開的信息。因為雙方可以根據常識判斷得失，從而確定對方的「選擇順序」。

經濟學家把選擇最優策略稱為「效用最大化（Maximization of Utility）」。效用的大小決定了當事人如何排列各種可能的策略。赫代雷佛（Hirshleifer）和格萊澤（Glazer）指出：「大多數現代經濟學家同意，很難對「效用」作出精確的測量。當一個人說，他的最優選擇是兩百萬，而不是一百萬時，並不意味著他的最優選擇必須比後者多一百萬。在這種情況下，他面臨的兩種選擇的效用並非以精確的數字作出測量，而是以排序進行測量（An Ordinal Magnitude）」（1992，第63頁）。表3.1展示了在這個模型中，社會運動和政府雙方所選擇策略的相應結果以及依效用大小而進行的排序。

表3.1 雙方所獲報酬和依策略效用大小作出的排序
(Payoffs and Ordinal Utility for Both Sides)

可選策略	社會運動所獲報酬	政府所獲報酬	社會運動的策略效用	政府的策略效用
運動參與者不採取任何行動	$X1 = 0$	$Y1 = 0$	$U(X1) = 4$	$U(Y1) = 4$
運動參與者採取行動,政府讓步	$X2 = G$	$Y2 = -P$	$U(X2) = 5$	$U(Y2) = 1$
運動參與者採取行動,政府武力鎮壓	$X3 = -D$	$Y3 = -E$	$U(X3) = 1$	$U(Y3) = 3$
運動參與者採取行動,政府威脅,參與者退讓	$X4 = -L$	$Y4 = B$	$U(X4) = 3$	$U(Y4) = 6$
運動參與者採取行動,政府威脅,參與者反抗,政府實施武力鎮壓	$X5 = -D + H$	$Y5 = C - \sqrt{E}$	$U(X5) = 2$	$U(Y5) = 5$
運動參與者採取行動,政府威脅,參與者反抗,政府讓步	$X6 = G + H$	$Y6 = -P - C + E^2$	$U(X6) = 6$	$U(Y6) = 2$

在表3.1中,社會運動參與者可能選擇的各種策略將帶來如下後果:

- $X1 = 0$(維持現狀;因此將X1設立為0)
- $X2 = G$(G > 0,G表示政府作出讓步,接受運動參與者的

各項訴求；社會運動取得了實質性勝利，例如：改善人權現狀以及贏得非官方群眾組織的合法化等等。）

- $X3 = -D$（D > 0，-D < 0；-D代表運動參與者損失巨大，甚至獻出生命。）
- $X4 = -L$（0 < L < D，-L < 0；面對政府的威脅，社會運動參與者退縮不前，臉面丟盡。但是，丟了面子與失去性命相比，後者的損失更大。）
- $X5 = -D + H$（G > H > L 或 H = L；政府一旦使用武力，社會運動參與者將遭受重大損失 -D；H代表讚美和榮譽，參與者面對政府的威脅毫不懼怕，獲得圍觀群眾的高度稱頌。）
- $X6 = G + H$（運動參與者不懼風險與政府對峙，迫使政府作出讓步，社會運動不僅取得了實質性的勝利G，而且還獲得了讚美和榮譽H。）

在表3.1中，U代表效用。運動參與者所選策略的效用以數字作為代表，數字越大，效用越高。最大的數字代表最優選擇，其他數字依大小排列，反映了運動參與者的選擇順序。效用排列從高到低，順序如下：

- $U(X6) = 6$ 代表運動參與者能夠獲得的最好結果，不但取得了實質性的勝利，而且還獲得了榮譽和讚揚。
- $U(X2) = 5$ 代表排列於第二位，僅次於最好的結果。運動參與者取得了實質性的勝利，但沒有獲得榮譽和讚揚。

- $U(X1) = 4$ 運動參與者既沒有獲勝，也沒有損失，維持原狀。
- $U(X4) = 3$ 社會運動的參與者顏面丟盡，因為他們懼怕政府的威脅而敗下陣來。
- $U(X5) = 2$ 一部分參與者死於政府的武力鎮壓，他們的不屈不撓為後人銘記。
- $U(X3) = 1$ 這是社會運動所面臨的最差結果，因為運動一開始，一部分參與者即死於政府的武力鎮壓，他們甚至沒有顯示自身勇氣和決心的機會。

在表3.1中，政府可能選擇的各種策略將帶來如下後果：

- $Y1 = 0$（維持現狀；因此將其設立為0）
- $Y2 = -P$（P > 0；P代表權力。政府只要作出讓步，便喪失了部分權力。）
- $Y3 = -E$（P > E > 0；E代表合法性。政府如果對社會運動實施武力鎮壓，便喪失了部分合法性。在任何情況下，以武力鎮壓學生都是非法行為。政府的選擇表明，它寧願失去某些合法性，而不願喪失任何權力。）
- $Y4 = B$（B > P；B代表政府的勝利。參與者退出社會運動，政府不僅沒有損失任何權力，而且表明它的權威不容挑戰。）
- $Y5 = C - \sqrt{E}$（C 代表可信度，即政府不僅威脅社會運動，而且將威脅付諸實施。如前所述，政府對社會運動進

行鎮壓，這一行動使政府喪失了一定的合法性，但是在這一步驟，政府的損失小於E；因為它在鎮壓之前曾經以威脅的方式對社會運動發出警告，給參與者以機會退出社會運動。因此，E演變為$\sqrt{E}$。假設C = E，如果E> $\sqrt{E}$，則 C> $\sqrt{E}$，[C - $\sqrt{E}$] > 0）

- $Y6 = -P - C + E^2$（政府不但喪失了權力，還失去了可信度，因為它威脅了社會運動之後卻放棄使用武力。但是政府的合法性經受了兩次考驗而秋毫無損。在模型的第二步及最後一步，政府都放棄了使用武力，確保行動合法。E^2 > C）

在表3.1中，政府的效用排列從高到低，順序如下：

- $U(Y4) = 6$ 這是政府可能取得的最好結果。參與者在政府使用武力之前便退出了社會運動，顯示了政府具有的權威。
- $U(Y5) = 5$ 這一結果僅次於最好結果。政府將威脅付諸實施，因此沒有喪失任何權力，且顯示了權威並贏得了可信度，但喪失了某些合法性。
- $U(Y1) = 4$ 維持原狀，政府沒有任何損失，也沒有任何收穫。
- $U(Y3) = 3$ 政府因立即實施武力鎮壓而喪失了重要的合法性。
- $U(Y6) = 2$ 政府喪失了某些權力和可信度，但其合法性獲

得顯著增加。

- $U(Y2) = 1$ 政府在運動初起便喪失了重要的權力和權威，這是政府可能取得的最壞結果。

圖3.2是一個新的模型，顯示了「選擇最優策略的互動結構（Preference Structure）」怎樣把政府和社會運動聯繫在一起，其中包括社會運動發展的四個階段。圖3.1和圖3.2之間的重要差別在於圖3.2顯示了雙方選擇相應策略後隨之而來的結果（這裡以效用的大小表示結果的優劣）。

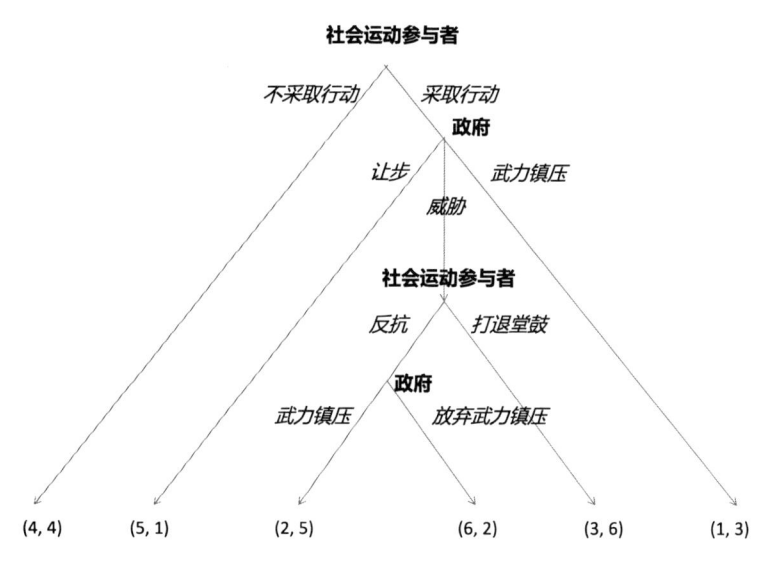

社会运动参与者
不采取行动 / 采取行动
政府
让步 / 武力镇压
威胁
社会运动参与者
反抗 / 打退堂鼓
政府
武力镇压 / 放弃武力镇压

(4, 4)　(5, 1)　(2, 5)　(6, 2)　(3, 6)　(1, 3)

圖3.2　社會運動發展的理論模型
（數字代表所選策略的效用，數字越大，效用越高）

怎樣求解圖3.2中的博弈模型（game）？這個博弈模型的最後結果是什麼？在博弈論中，求解博弈模型是指預測雙方怎樣按部就班地選擇他們的策略，並說明最後的結果是什麼。這裡可以用「逆向歸納推理（Backward Induction）」的方法來求解圖3.2中的博弈模型。「逆向求解（Backward Induction）」是指從模型的終點出發進行推理。在模型的最後一步，政府面臨兩種選擇。第一種選擇是動用武力，實施對社會運動的威脅，其結果是5。第二種選擇是放棄使用武力，結果為2。因為5＞2，所以政府必然選擇動用武力。社會運動參與者在運動發展的第三步遵循這一邏輯推理，可以預見到政府最終將使用武力，那麼參與者的相應結果為2。由此可知，參與者在第三步面臨如下兩種選擇。第一種選擇是打退堂鼓，結果為3。第二種選擇是面對政府的威脅，堅持對抗，結果為2。兩相比較，最優選擇是「打退堂鼓」。

在模型的第二步，政府預見到社會運動參與者在第三步將打退堂鼓，那麼政府可以獲得的相應報酬是6。因此，政府在第二步面臨如下三種選擇。第一種選擇是「威脅」社會運動，結果為6。第二種選擇是鎮壓社會運動，結果為3。第三種選擇是對社會運動作出讓步，結果為1。在這三種選擇中，最優選擇是「威脅」社會運動。現在，逆行歸納推理（Backward Induction）已追溯至模型的第一步。在那裡，運動參與者預見到政府最終會使用武力，而他們自己在第三步會打退堂鼓，隨之政府在第二步的最優策略是「威脅」社會運動，參與者的報酬為3。因此，參與者在第一步面臨如下

兩種選擇。第一種選擇是拒絕參與社會運動，結果為4。第二種選擇是發起社會運動，結果為3。兩相比較，最優選擇是「拒絕參與」。

使用「逆向歸納推理（Backward Induction）」技術求解圖3.2中的模型，我們看到了如下可能的結果。第一種是社會運動未曾興起，因為人們拒絕參與。第二種可能性是社會運動參與者認為政府並非能夠始終遵循「逆向歸納推理」的原則，理性地選擇最優策略；他們期待政府在第二步時會對社會運動作出讓步，因而決定放手一搏，發起了社會運動。總之，當社會運動興起之後，使用「逆向歸納推理」技術求解圖3.2中的模型，可以清晰地展示雙方在相應步驟中面臨的可能選擇及其後果。

根據「逆向歸納推理（Backward Induction）」原則，圖3.2中的博弈過程應當在第一步結束，因為人們拒絕參與社會運動；或者在第三步結束，因為政府一旦「威脅」社會運動，參與者的最優選擇是打退堂鼓。以博弈論理論為基礎對社會運動發展及其結果所做的以上預測，與現存的社會運動理論看上去並不矛盾。目前流行的社會運動理論強調「內部策略分析（The Internal Strategic Analysis）」。根據這種理論，只有政府能夠決定運動的發展和結果，因為社會運動參與者沒有實力和政府對抗，所以政府的鎮壓將迫使參與者打退堂鼓。

第三節　私密信息和一個經過修正的「選擇最優策略的互動結構」

毋庸置疑，如果博弈過程中所有的信息都是公開的，「逆向歸納推理（Backward Induction）」是求解模型的一種有效技術。但是，現實生活中的社會運動發展及其結果卻與應用「逆向歸納推理」所得出的結論大相徑庭。以1989年發生在北京的學生運動為例，當時的中國政府以實力強大的軍隊為後盾，對學生運動曾先後作出三次威脅。根據圖3.2中的模型，當手無寸鐵的學生和其他參與學生運動的市民，面對政府反復作出的嚴厲威脅時，他們的最優選擇是打退堂鼓。但事實卻完全相反，學生和其他參與者面對政府的每一次威脅，都是絕不退縮，堅決反抗。為什麼根據模型所作的預測與現實不符？

為了解答這一問題，我們必須關注在博弈過程中，雙方在選擇策略時需要哪些信息（Information），這些信息是否都是公開的（Common Knowledge）。例如：雙方的最優選擇究竟是什麼，每一方如何確定他們所選策略的效用排序，這些信息中哪些是公開的（Commonly Known），哪些是私密性的（Private）。費倫（Fearon）認為：「如果一個人知道他自己的偏好，意願，動機以及其他任何有關他私人的情況，而其他人對這些一無所知，這些信息便稱為私密信息（Private Information）」（1992，第113頁）。

在圖3.2的模型中，作為當事人之一，社會運動參與者的偏好，意願和動機都是公開的信息。因為任何實質性的勝利，如改善人權，爭取建立非官方群眾組織的合法權利等，都勝於來自社會輿論的讚揚和榮譽。與此同時，無論是取得實質性的勝利，還是獲得榮譽和讚揚，都勝於維持現狀。此外，對於運動參與者而言，無論在任何情況下，遭到武力鎮壓的殘酷後果都比「丟面子」造成的損失要嚴重的多。但是，面對政府的威脅，運動參與者先抵抗，而後被鎮壓，則比未曾抵抗而遭鎮壓要強得多。因為抵抗代表了勇氣和堅持。

與運動參與者不同，政府的偏好，意願和動機，並非顯而易見，由此導致了私密信息（Private Information）的存在。以圖3.2為例，我們曾經假設P（權力）＞E（合法性）＞0，這意味著假設政府寧願採取不合法的武力鎮壓，即損失某些合法性，而不願喪失任何權力或者權威。根據這一假設，政府的意願和動機在圖3.2中的博弈過程中是公開信息。但這裡有一個問題，P（權力）在任何情況下都大於E（合法性）嗎？在對「權力」和「合法性」進行比較時，難道政府確實認為在任何情況下，「權力」都比「合法性」重要嗎？社會運動參與者對此心存疑問，但他們沒有可能獲取必要的信息來解答心中的疑問。

有許多實例表明，政府在應對社會運動時，寧願使用武力，從而喪失某些合法性，而不願失去任何權力。這意味著政府不但對社會運動作出威脅，而且動用武力，實施威脅。

這些實例與我們的假設P（權力）＞E（合法性）＞0完全一致。例如：卡爾施泰特－亨克（Karstedt-Henke）（1980）在研究恐怖主義在西德的興起時，曾經指出，當示威遊行仍在萌芽狀態，政府方面便作出了過度反應（Overreacted）；為了平息動亂，政府不惜使用武力鎮壓。然而，由於政府方面準備不足，策略前後矛盾，未能分而治之，其結果，進一步激化了矛盾，示威遊行的規模反而越來越大。還有另外一類實例表明，當社會運動無視政府的威脅，繼續其抗議活動，政府卻放棄使用武力，因為政府寧願喪失某些權力或權威，而不願採取任何危及其所選策略的合法性的行為。在這種情況下，E（合法性）＞P（權力）＞0。

哪些因素決定政府的意願和動機？為什麼政府刻意隱瞞其意願和動機？這些問題將在第四章進一步展開討論。這裡應當指出的是，在通常情況下，當政府威脅社會運動參與者時，運動的參與者很難確定，如果他們無視政府威脅，繼續抗議活動，政府會作出什麼樣的反應。但是，隨著社會運動的發展，運動參與者根據政府的言論和行動，有可能作出關於政府私密信息（Private Information）的推論。

政府試圖掩蓋的私密信息對社會運動的發展有哪些影響？這些難以獲得的信息有可能完全改變社會運動的發展過程及其結果，因為博弈過程的結果取決於雙方所採取的策略，而每一方在選擇策略時，不僅依據自身的意願和動機，而且取決於他們如何預測對方的意願和動機。如果任何一方的意願和動機有所改變，雙方所選擇的策略便會發生相應的

變化。其結果，運動的發展過程和結果就會完全不同。

例如：表3.1是基於一種假設，即政府寧願喪失某些合法性而不願失去任何權力，所以它不但威脅社會運動，而且當運動參與者無視其威脅時，它一定會使用武力實施威脅，即P（權力）> E（合法性）> 0。但是，表3.2則基於另一種不同的假設，即政府認為動用武力鎮壓社會運動是不合法的，為此不惜失去某些權力，即E（合法性）> P（權力）> 0。除此之外，表3.2還基於另一個不同於表3.1的假設，這便是政府認為合法性除了比權力重要，而且更比可信性重要，即E（合法性）> P（權力）> C（可信度）> 0，C（可信度）< $\sqrt{E}$（部分合法性）以及 $[C - \sqrt{E}] < 0$。在表3.2中，雙方所可能選擇的策略及其相應結果，與表3.1相比沒有任何變化；社會運動的最優策略排序也沒有變化；但是，政府一方的意願，動機以及最優策略排序都與表3.1有顯著差別（詳見表3.2）。

表3.2 雙方所獲報酬如前（Unchanged Payoffs）及修正後的策略效用排序（Updated Ordinal Utility）

可選策略	社會運動所獲報酬	政府所獲報酬	社會運動的策略效用	政府的策略效用
運動參與者不採取任何行動	$X1 = 0$	$Y1 = 0$	$U(X1) = 4$	$U(Y1) = 5$
運動參與者採取行動，政府讓步	$X2 = G$	$Y2 = -P$	$U(X2) = 5$	$U(Y2) = 3$
運動參與者採取行動，政府武力鎮壓	$X3 = -D$	$Y3 = -E$	$U(X3) = 1$	$U(Y3) = 1$
運動參與者採取行動，政府威脅，參與者打退堂鼓	$X4 = -L$	$Y4 = B$	$U(X4) = 3$	$U(Y4) = 6$
運動參與者採取行動，政府威脅，參與者反抗，政府實施武力鎮壓	$X5 = -D + H$	$Y5 = C - \sqrt{E}$	$U(X5) = 2$	$U(Y5) = 2$
運動參與者採取行動，政府威脅，參與者反抗，政府退讓	$X6 = G + H$	$Y6 = -P - C + E^2$	$U(X6) = 6$	$U(Y6) = 4$

表3.1中，

U（Y4）> U（Y5）> U（Y1）> U（Y3）> U（Y6）> U（Y2）。

表3.2中，

U（Y4）> U（Y1）> U（Y6）> U（Y2）> U（Y5）>

U（Y3）。

在表3.2中，政府的效用排列從高到低，順序如下：

- $U(Y4) = 6$ 這是政府可能取得的最好結果。政府顯示其威懾力，運動參與者在政府使用武力之前便退出了社會運動。
- $U(Y1) = 5$ 這一結果僅次於最好結果。維持原狀，政府沒有任何損失，也沒有任何收穫。
- $U(Y6) = 4$ 政府喪失了一些權力和可信度，但其合法性顯著增加。
- $U(Y2) = 3$ 政府喪失了權力和權威，所得為零。
- $U(Y5) = 2$ 政府將威脅付諸實施，雖然贏得了可信度，但喪失了某些合法性。
- $U(Y3) = 1$ 這是政府可能取得的最壞結果，政府在一定程度上喪失了合法性。

圖3.3中的模型不同於圖3.2的模型，因為圖3.3中的模型採用了政府對所選策略的效用進行更新之後的重新排列。

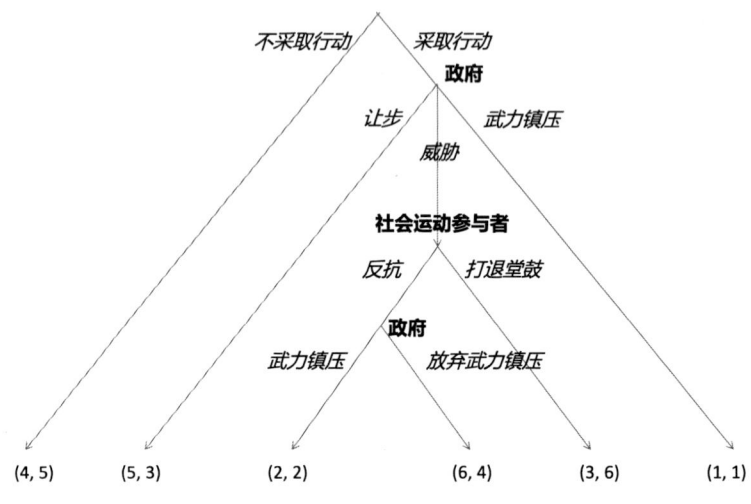

```
                    社会运动参与者
             不采取行动    采取行动
                          政府
                      让步      武力镇压
                         威胁
                     社会运动参与者
                      反抗      打退堂鼓
                          政府
                   武力镇压    放弃武力镇压

  (4, 5)   (5, 3)   (2, 2)      (6, 4)    (3, 6)   (1, 1)
```

圖3.3　社會運動發展的理論模型
（根據修正後的策略效用進行重新排序）

　　這裡同樣可以用「逆向歸納推理（Backward Induction）」的方法來求解圖3.3中的博弈模型。在模型的最後一步，政府面臨兩種選擇。第一種是實施對社會運動的威脅，動用武力進行鎮壓，其報酬是2。第二種選擇是放棄使用武力，結果為4。因為4＞2，所以政府選擇放棄使用武力。社會運動參與者按照這一邏輯推理，在運動發展的第三步，可以預見到政府最終將放棄使用武力，參與者的相應報酬為6。因此，參與者在第三步面臨兩種選擇。第一種選擇是打退堂鼓，結果為3。第二種選擇是面對政府的威脅，堅持對抗，結果為6。兩相比較，最優選擇是無視政府威脅，繼續抗議活動。

在模型的第二步,政府預見到社會運動參與者在第三步將繼續對抗,由此,政府獲得的相應報酬是4。因此,政府在第二步面臨三種選擇。第一種選擇是「威脅」社會運動,結果為4。第二種選擇是鎮壓社會運動,結果為1。第三種選擇是對社會運動作出讓步,結果為3。在這三種選擇中,最優策略是「威脅」社會運動。現在,逆行歸納推理已追溯到模型的第一步。運動參與者預見到政府最終會放棄使用武力,而他們自己在第三步會選擇繼續對抗,政府在第二步的最優策略是「威脅」社會運動。綜上所述,參與者的最終報酬為6。因此,參與者在第一步面臨兩種選擇。第一種選擇是拒絕參與社會運動,結果為4。第二種選擇是發起社會運動,結果為6。兩相比較,最優策略是「參與社會運動」。

在博弈論中,「納什平衡(Nash Equilibrium)」代表博弈雙方的一種策略組合。在「納什平衡(Nash Equilibrium)」的策略組合中,當任意一方的策略已定,另一方所選擇的必定是最優策略。在圖3.3的模型中,「納什平衡(Nash Equilibrium)」所代表的策略組合是,參與者選擇發起社會運動,政府威脅他們,但參與者們繼續與政府對峙,其後政府放棄使用武力。

圖3.3模型中的「納什平衡(Nash Equilibrium)」與圖3.2 模型中的「納什平衡(Nash Equilibrium)」完全不同。在圖3.2的模型中,「納什平衡」所代表的策略組合是,參與者可能拒絕發起社會運動,但也可能選擇發起社會運動,隨即政府對其進行威脅,然後參與者打退堂鼓。這兩個「納

什平衡（Nash Equilibrium）」之所以大相徑庭，是由於政府的偏愛和動機不同。在圖3.2中，政府以權力為重，不在乎行動的合法性。在圖3.3中，政府注重行動的合法性，甚至不惜放棄某些權力。

綜上所述，在大多數案例中，政府極力掩飾其意願和動機。其結果，社會運動的參與者在判斷政府的策略選擇時，面臨著嚴重的不確定性（Uncertainty）。這一特性值得高度關注，應當認真研究這種不確定性對社會運動所產生的重要影響。

第四節 具有不完整信息的博弈論模型
（A Game with Incomplete Information）

上文分別討論了兩個博弈論模型，它們具有不同的結構，即不同的「選擇最優策略的互動結構（Preference Structure）」。然而現實情況比這些模型所代表的社會運動發展過程要複雜得多。社會運動興起之後，政府通常隱瞞其意願和動機，運動參與者無法確定政府在「權力」和「合法性」之間會作出何種選擇。因此，我們有必要在圖3.2和3.3的基礎上建立一個新的模型，這一模型應當如實反映政府掌握私密信息這一重要特徵。

這個新模型與圖3.2和3.3中的模型有以下三個不同之處。第一，圖3.2和3.3中的模型展示了具有完整信息（Complete Information）的博弈過程，即雙方在選擇策略

時的意願,動機和相應結果,都是公開的信息(Common Knowledge)。新模型中的博弈過程則具有不完整的信息(Incomplete Information),即至少一方無法確定另外一方選擇策略時的意願和動機。在這個新模型中,社會運動所面對的既不是絕不放棄任何權力的強硬派政府,也不是注重行動合法化的溫和派政府。因為運動參與者缺乏必要的信息,他們無法判斷政府在選擇策略時的意願和動機。

第二種差別是在新的模型中,不能應用「逆向歸納推理(Backward Induction)」的技術來求解模型。因為這種求解技術只適用於具有完整信息(Complete Information)的博弈過程。圖3.2和3.3中的博弈模型都具有完整信息,而新模型中的相應信息是不完整的(Incomplete Information)。

怎樣求解具有不完整信息的博弈論模型(A Game with Incomplete Information)?這裡應當使用的技術是「理想的貝葉斯平衡(The Concept of Perfect Bayesian Equilibrium)」。吉本斯(Gibbons)強調:「『理想的貝葉斯平衡(Perfect Bayesian Equilibrium)』作為一種新的求解技術,應歸功於克雷普斯(Kreps)和威爾遜(Wilson)(1982)。由於他們的貢獻,在定義如何實現博弈過程的最後均衡(Equilibrium)時,當事人的主觀設想(The Players' Beliefs)上升至一個新的高度,它們所佔據的地位和當事人所選擇的策略一樣重要。因此,最後的均衡狀態(Equilibrium)不但包括各方所選擇的策略,還包括雙方在相應的信息鏈上所作決策時的主觀設想。把雙方的主觀設想(The Players' Beliefs)提升到如

此重要的地位,可以使人們認識到,每一位當事人不但選擇切實可行的策略,而且他們的主觀設想在均衡路徑之內或者之外,都是合理的」(1992,第179頁)。

自那之後,應用「理想的貝葉斯平衡(Perfect Bayesian Equilibrium)」技術,求解具有不完整信息的博弈論模型(A Game with Incomplete Information),在經濟學和政治學上都得到了廣泛的應用。例如,費倫(Fearon)(1992)認為,處理國際危機的談判通常困難重重。對方究竟是接受相應的條件,還是打算以武力解決,雙方都不得而知。參與談判的各方不僅拒絕公開他們的真實意圖,而且還別有用心地誤導對方。

第三種差別是,圖3.2和3.3代表的是一種「伸展性模型(Extensive-Form Games)」,其中的四個步驟(A Four-Step Sequence)反映了社會運動的全部發展過程。新模型所顯示的卻只是原有的伸展性模型(Extensive-Form Games)中的一部分,它被稱為一個次級模型(A Subgame)。它始於伸展性模型的第二步,當政府決定威脅社會運動時,便出現了這個次級模型(A Subgame),所以也可以稱為「政府作出威脅後的一個次級模型(A Threat Subgame)」。這個次級模型至關重要,根據刪繁就簡的原則,在新模型中可以對次級模型之外的其他部分忽略不計。圖3.4呈現了這個新的模型。與原有的模型不同,在這個次級模型中,政府首先進行選擇,其次是運動參與者。所以括弧裡的第一個元素代表政府作出策略選擇後的相應結果,第二個元素代表運動參與者的報酬結果。

```
                            政府
                      溫和派 / \ 強硬派
                       1-p /   \ p
                          /     \
                       政府      政府
                  顯示武力/ \放弃顯示武力  \顯示武力
                      /   \          \
                  (Y1, X1) (Y1, X1)
                ─ ─ ─ ─社会运动参与者─ ─ ─ ─
         1-q  /                              \ q
     打退堂鼓/  \反抗                    反抗/  \打退堂鼓
             政府                          政府
      放弃武力鎮壓/ \武力鎮壓      放弃武力鎮壓/ \武力鎮壓

  (Y2, X2) (Y3, X3)   (Y4, X4)    (Y3, X3)     (Y4, X4)   (Y2, X2)
```

圖3.4 　社會運動發展的一個次級模型（A Subgame）：
　　　　一個具有不完整信息 的博弈論模型
　　　　（A Game with Incomplete Information）

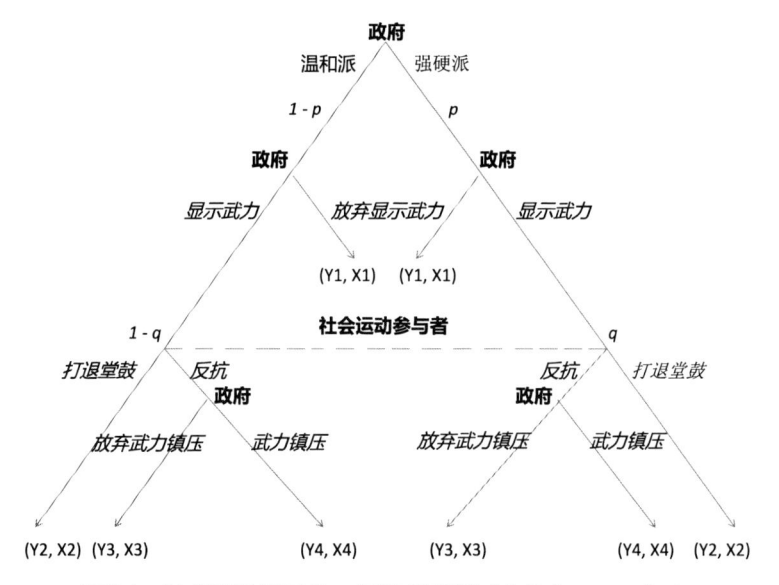

　　圖3.4中的次級模型是一個具有不完整信息的博弈論模型（A Game with Incomplete Information），因為運動參與者不知道政府的真實意圖是什麼。如果是強硬派政府（Tough State），在社會運動公開藐視政府作出的威脅之後，它將不遺餘力地對社會運動實施鎮壓，拒絕放棄任何權力，而不顧及自身行動是否合法。如果是溫和派政府（Humane State），它不會動用武力鎮壓社會運動，而要堅持其行動的合法性，哪怕喪失某些權力。

　　在這個新模型的第一步，p代表運動參與者設想其面對強硬派政府的概率（The Probability），1－p 代表其面對溫

和派政府的概率（The Probability）。在這個次級模型中，第一次選擇是由政府作出的。強硬派和溫和派政府面臨同樣的兩種選擇：在對社會運動進行威脅時，是否應該展示用以鎮壓的軍事實力。如果政府放棄展示實力，它先前作出的威脅便成了紙上談兵，社會運動獲勝，博弈過程結束。

在第二步，圖中的虛線代表信息鏈（An Information Set）。社會運動參與者在信息鏈的一端與強硬派政府對峙，在另一端則與溫和派政府對峙。運動參與者必須選擇下一步的策略，但是他們甚至無法確定自己是處在信息鏈的哪一端。儘管處於信息鏈（An Information Set）兩端的不同類型的政府都展示了用以鎮壓社會運動的軍事實力，但只有強硬派政府會對社會運動實施武力鎮壓。假定社會運動處於強硬派政府一側的概率是q，與溫和派政府對峙的概率是$1-q$。社會運動參與者無論處於信息鏈的哪一側，都面臨兩種選擇：無視政府的威脅，繼續示威活動；或者打退堂鼓。如果選擇後者，博弈過程結束。

在第三步，如果社會運動參與者無視政府威脅，繼續示威活動，政府則必須選擇或者實施鎮壓，或者放棄武力鎮壓。

在圖3.4中，社會運動參與者的選擇意向是公開的信息（Common Knowledge），而政府的意願和動機則是私密信息（Private Information）。在政府方面，唯一的公開信息是當社會運動參與者公然無視政府的威脅之後，強硬派和溫和派政府會有不同的應對策略。表3.3 總結了在圖3.4中的博弈

過程中,社會運動參與者和政府的策略排序和所選策略的相應結果。

表3.3 雙方在具有不完整信息的博弈論模型(A Game with Incomplete Information)中所獲報酬和依策略效用大小作出的排序

可選策略	社會運動所獲報酬	政府所獲報酬	社會運動的策略效用	強硬派政府的策略效用	溫和派政府的策略效用
政府放棄展示武力	$X1 = G$	$Y1 = -P$	$U(X1) = 3$	$U(Y1) = 1$	$U(Y1) = 1$
政府展示武力,社會運動打退堂鼓	$X2 = -L$	$Y2 = B$	$U(X2) = 2$	$U(Y2) = 4$	$U(Y2) = 4$
政府展示武力,社會運動繼續,政府放棄武力	$X3 = G + H$	$Y3 = -P - C + E^2$	$U(X3) = 4$	$U(Y3) = 2$	$U(Y3) = 3$
政府展示武力,社會運動繼續,政府武力鎮壓	$X4 = -D + H$	$Y4 = C - \sqrt{E}$	$U(X4) = 1$	$U(Y4) = 3$	$U(Y4) = 2$

在表3.3中,社會運動方面所選策略的相應結果以及依照策略效用排序的相應結果如下:

- $X1 = G$(G>0,G代表在政府作出讓步後,社會運動取得的實質性勝利,例如:人權現狀的改善以及贏得非官方群

眾組織的合法化等等。）

- $X2 = -L$（-L < 0，面對政府的威脅，社會運動參與者退縮不前，臉面丟盡。但沒有遭到鎮壓，沒有死傷，所以視-L為一般性的損失。）
- $X3 = G + H$（G > H > L或H = L，H代表讚美和榮譽，社會運動參與者面對政府的威脅毫不懼怕，贏得圍觀群眾的高度稱頌。運動參與者不懼風險與政府對峙，迫使政府作出讓步，社會運動不僅取得了實質性的勝利G，而且還獲得了讚美和榮譽H。）
- $X4 = -D + H$（D > L，-D 代表傷亡，社會運動損失慘重。）

在表3.3中，U（X3）> U（X1）> U（X2）> U（X4）。

在表3.3中，政府方面所選策略的相應結果以及依照策略效用排序的相應結果如下：

- $Y1 = -P$（P > 0；P代表權力。政府以喪失部分權力為代價，放棄使用武力。）
- $Y2 = B$（B > P；B代表政府的巨大勝利。參與者退出社會運動，政府不僅沒有損失任何權力，而且表明它的權威不容挑戰。）
- $Y3 = -P - C + E^2$（C 代表可信度，其表現為政府不僅威脅社會運動，而且將威脅付諸實施；B > C > 0。E 代表行

動的合法性；B > E > 0。由於政府拒絕使用武力，政府不但喪失了權力（-P），還失去了可信度（-C），因為它威脅了社會運動之後卻放棄了使用武力。與此同時，政府的合法性經受了兩次考驗（E^2），在模型的第一步及最後一步，政府只是顯示武力但放棄了使用武力，從而確保了所有決策的合法性。）

- $Y4 = C - \sqrt{E}$（政府鎮壓社會運動，贏得了可信度（C），但這一策略使政府喪失了一定的合法性（$-\sqrt{E}$），但是政府的損失$\sqrt{E}$小於E；因為它在鎮壓之前曾經以威脅的方式對社會運動發出警告，給參與者以機會退出社會運動。因此，E演變為$\sqrt{E}$。）

強硬派和溫和派政府有完全不同的選擇意向。強硬派認為政府權力不可喪失，溫和派認為武力鎮壓是非法行為。在表3.3中，強硬派政府的策略效用排序為U（Y2）> U（Y4）> U（Y3）> U（Y1），溫和派政府的策略效用排序為U（Y2）> U（Y3）> U（Y4）> U（Y1）。

圖3.5描述了這個具有不完整信息的博弈論模型（A Game with Incomplete Information）以及雙方的策略效用排序和相應結果。怎樣才能求得這一模型中的「理想貝葉斯平衡（Perfect Bayesian Equilibrium）」呢？

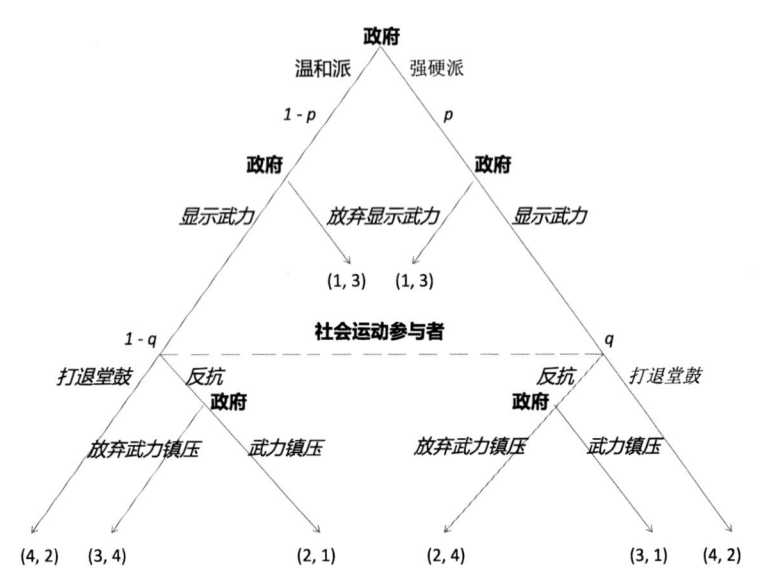

圖3.5 社會運動發展的一個次級模型
（數字代表所選策略的效用，數字越大，效用越高）

在這個模型中，強硬派政府的最優策略組合（A Dominant Strategy）是先展示武力，然後鎮壓社會運動。因此，U（Y4）＞U（Y3）＞U（Y1）。溫和派政府也有一個最優策略組合（A Dominant Strategy），即展示武力，但放棄對社會運動實施武力鎮壓；它的效用排序是U（Y3）＞U（Y4）＞U（Y1）。在二者的最優策略組合中，第一步都是展示武力。因此，在這一模型中，不存在數個相互獨立（Separating Equilibriums）或者部分獨立的的平衡結局（Semi-Separating Equilibriums），僅有的可能性是存在一種集中合成的平衡結局（A Pooling Equilibrium），即「理想的貝葉斯平衡（Perfect Bayesian Equilibrium）」。

在這種集中合成的策略組合（A Pooling Equilibrium）中，兩類政府在第一步的選擇都是「展示武力」，因此，q = p。根據貝葉斯原理（Bayes' Rule），政府所做的這一選擇沒有洩露任何祕密信息（Private Information）。如果運動參與者決定打退堂鼓，他們預期的最終報酬是pX2 +（1 − p）X2 = X2。如果參與者決定抵抗，強硬派政府將鎮壓社會運動，溫和派政府將作出讓步。社會運動的最終報酬是pX4 +（1 − p）X3 = p（X4 − X3）+ X3。

假定參與者對選擇「打退堂鼓」和「繼續抵抗」的意願相同，那麼選擇這兩種策略的相應結果便應當一致，即X2 = p（X4 − X3）+ X3。由此可見，

$$P^* = \frac{X2 - X3}{X4 - X3} = \frac{X3 - X2}{X3 - X4}$$

上述等式裡的p在這裡用p* 表示。如果p = p*，運動參與者則認為「打退堂鼓」和「繼續抵抗」為他們帶來同樣的結果，所以p* 被稱為p的臨界值（A Critical Value of P）。

如果運動參與者認為，他們面對強硬派政府的可能性是p，那麼有必要關注p和p*之間存在的三種可能的關係。第一種關係，p = p*，那麼參與者無論選擇「打退堂鼓」，還是「繼續抵抗」，二者所產生的預期效果相同。第二種關係，p > p*，即X2 > p（X4 − X3）+ X3（X2是參與者選擇「打退堂鼓」的結果，p（X4 − X3）+ X3 是他們選擇「繼續抵

抗」的結果），其結果參與者會選擇「打退堂鼓」。第三種關係，p < p*，即p（X4 – X3）+ X3 > X2，參與者將選擇「繼續抵抗」。

在這個博弈論模型中，第一個平衡結局（The First Pooling Equilibrium）如下：

σ：強硬派政府：顯示武力並且動用武力
　　溫和派政府：顯示武力但放棄使用武力
　　運動參與者：選擇「打退堂鼓」
μ：$q = p\ (p > p^*)$

在這個博弈論模型中，第二個平衡結局（The Second Pooling Equilibrium）如下：

σ：強硬派政府：顯示武力並且動用武力
　　溫和派政府：顯示武力但放棄使用武力
　　運動參與者：選擇「繼續抵抗」
μ：$q = p\ (p < p^*)$

這兩個相互聯繫的平衡結局集中在一起（The Two Pooling Equilibriums），便構成了「理想的貝葉斯平衡（Perfect Bayesian Equilibriums）」；在這一平衡中，任何一方都沒有改變策略的意願。

用A來代表運動參與者繼續抵抗的可能性。那麼

$A = 1, \ if \ P < P*.$

$A = 0, \ if \ P > P*.$ <1>

$A = \dfrac{1}{2} \ otherwise.$

$P* = \dfrac{X3 - X2}{X3 - X4}(X3 > X2 > X4 \ and \ 1 > p* > 0)$ <2>

P表示社會運動參與者認為政府是強硬派的可能性（Probability），p*是p的臨界值（A Critical Value of p），X2，X3，X4是他們採取相應策略的最終結果。

上述等式1表明，如果參與者認定政府是強硬派的可能性p小於p*，他們就會無視政府威脅，繼續抵抗。如果參與者認定p大於p*，他們就會「打退堂鼓」。在具有不完整信息的博弈論模型（A Game with Incomplete Information）中，運動參與者通常認定p = 50%。這是因為根據常識，人們在預測某種不確定的事件是否發生時，通常認定其發生的機會是百分之五十。

如果參與者認定政府為強硬派的可能性p = 50%，一個重要的問題便隨之而來，如果p =50%，那麼p 究竟是大於p*還是小於p*？這個問題至關重要，因為它決定了運動參與者究竟選擇「繼續抵抗」，還是選擇「打退堂鼓」。

解答這一問題的方法之一是探究在什麼條件下 p* = 50%。

從等式2可知

$$P^* = \frac{X3-X2}{X3-X4}(X3 > X2 > X4 \text{ and } 1 > p^* > 0) \quad <2>$$

$$If \quad P^* = \frac{X3-X2}{X3-X4} = 0.5,$$

那麼 $(X3 - X2) = 0.5(X3 - X4)$，
那麼 $X3 - X2 = 0.5 \times X3 - 0.5 \times X4$，
那麼 $(X3 - 0.5 \times X3) - (0.5X2 + 0.5X2) = -0.5 \times X4$，
那麼 $0.5 \times X3 - 0.5 \times X2 = 0.5 \times X2 - 0.5 \times X4$，
那麼 $X3 - X2 = X2 - X4$。 $\quad <3>$

從等式3可知，如果 X3 – X2 = X2 – X4，那麼 p* = 50%。如果（X3 – X2）>（X2 – X4），那麼 p* > 50%，於是可知 p* > p（p = 50%。如前所述，根據常識，人們在預測某種不確定的事件是否發生時，通常認定其發生的機會是百分之五十），其結果，運動參與者肯定選擇「繼續抵抗」。如果（X3 – X2）<（X2 – X4），那麼 p* < 50%，於是可知 p* < p（如前所述，p = 50%），其結果，運動參與者肯定選擇「打退堂鼓」。

在什麼條件下，（X3 – X2）>（X2 – X4）？在什麼條件下，即使社會運動參與者無從確定他們面對的究竟是強硬派政府還是溫和派政府，仍然會選擇「繼續抵抗」？

根據表3.3，X3 = H + G，即參與者面對政府的威脅毫不懼怕，獲得圍觀群眾的高度稱頌。他們不懼風險，繼續示威，從而迫使政府作出讓步。社會運動不僅取得了實質性的勝利G，例如：人權現狀的改善以及贏得非官方群眾組織的合法化等等；而且還獲得了讚美和榮譽H。X2 = -L（-L < 0），面對政府的威脅，社會運動參與者退縮不前，臉面丟盡。但沒有遭到鎮壓，沒有遭受人員傷亡，所以視 -L為一般性的損失。X4 = -D + H（D > L），社會運動參與者無視政府威脅，繼續抵抗，贏得了榮譽和讚揚H；但政府使用武力鎮壓，-D 代表運動損失慘重，包括發生的傷亡。由此可知：

$X3 - X2 = H + G - (-L) = H + G + L$，$(X3 - X2)$代表兩種不同結果的差異。

$X2 - X4 = -L - (-D + H) = D - L - H$，$(X2 - X4)$代表兩種不同結果的差異。

假設 $(X3 - X2) > (X2 - X4)$，
那麼 $(H + G + L) > (D - L - H)$，
所以 $(G + H + H) > (D - L - L)$，
所以 $G + H + (H - D) > (-L - L)$，

從表3.1可知，
$X5 = H - D$，$X4 = -L$；$U(X5) = 2$，$U(X4) = 3$。因此，
可知 $(H - D) < -L$，這裡的比較是根據其相應策略的效用大小。

所以 $G + H + (H - D) - (H - D) > -L - L - (-L)$
所以 $(G + H) > (-L)$。　　　<4>

由此可知,只要(G + H)>(-L),(X3 − X2)>(X2 − X4)便能夠成立。從表3.1可知,(G + H)代表運動參與者不懼風險與政府對峙,迫使政府作出讓步,社會運動不僅取得了實質性的勝利G,而且還獲得了讚美和榮譽H。(-L)代表面對政府的威脅,社會運動參與者退縮不前,雖然避免了死傷,但卻顏面丟盡。

在圖3.5的模型中,(G + H)大於(-L)。這表明在社會運動的發展過程中,滿足(X3 − X2)>(X2 − X4)的條件始終存在。如前所述,如果(X3 − X2)>(X2 − X4),則p* > 50%,那麼p* > p(p = 50%)。根據「理想的貝葉斯平衡」,只要社會運動參與者認為,政府進行武力鎮壓的概率(Probability)等於百分之五十或者小於百分之五十,他們就一定選擇「無視政府威脅,繼續示威遊行」的策略。

本章討論了圖3.2,3.3和3.5中的三個博弈論模型,圖3.5中的模型顯示了一個具有不完整信息的博弈過程(A Game with Incomplete Information)。與圖3.2和3.3相比較,圖3.5真實地代表了社會運動的實際發展過程。這是因為,在和社會運動對峙的過程中,政府總是試圖掩蓋其真實動機,這些非公開的信息(Private Information)所帶來的不確定性,對社會運動的發展有重要影響。

圖3.5中的模型有兩個重要特徵。第一，社會運動參與者對政府的動機和意向一無所知。如果選擇「無視威脅，繼續抵抗」，他們完全不知道政府會作出何種反應。但是他們知道，如果政府以維護權力及權威為首要任務，則一定會實施武力鎮壓。如果政府更為注重行動的合法性，則會避免使用武力。第二，社會運動參與者在選擇策略時，不可避免地要對政府的動機和意向進行推測。通常情況下，他們認為政府使用武力的概率（p = Probability）是百分之五十。根據圖3.5的模型，可以得到如下理論命題（The Proposition）：

> 命題1（Proposition 1）：在一個具有不完整信息的博弈論模型中（A Game with Incomplete Information），社會運動「無視政府威脅的繼續抵抗（Anti-Threat Resistance）」將肯定發生。選擇這一策略需要兩個條件，而這兩個條件在一般情況下會同時存在：（1）運動參與者認為，政府使用武力的概率（Probability）等於或小於百分之五十；（2）對於運動參與者而言，如果選擇「繼續抵抗」，而政府沒有使用武力，其結果要勝於「打退堂鼓」的後果。

第五節　本章結論

本章的重要發現是，當社會運動興起之時，只要存在兩個條件，政府方面的任何「威脅與恫嚇」都將是徒勞無功

的。上述命題闡明了在具有不完整信息的博弈論模型中，這兩個條件同時存在；其結果，政府對社會運動的「威脅」無法達到其預期目的，社會運動參與者必定「無視威脅，並且繼續抵抗」。

　　本章的討論表明，在研究社會運動的發展時，必須關注存在於政府和社會運動之間的「選擇最優策略的互動結構（Preference Structure）」。當任何一方的意願和動機有所改變，這一互動結構便隨之改變。「選擇最優策略的互動結構」不同，社會運動的發展過程和相應結果便有所不同。

　　圖3.2，3.3和3.5描述了三種不同的互動結構（Preference Structure），這是因為政府一方的意向和動機有所改變。例如：圖3.2中的政府明確表示，將拒絕放棄任何權力，置武力鎮壓的非法性於不顧。圖3.3中的政府則表示，如果使用武力鎮壓社會運動，政府將遭遇合法性危機。與圖3.2和3.3中的政府不同，圖3.5中的政府盡力掩蓋其意願和動機，使社會運動在選擇策略時面臨眾多的不確定性（Uncertainty）。

　　上述三種不同的互動結構（Preference Structure），誘導並限制著雙方的策略選擇，而社會運動的結果正是雙方一系列策略選擇的結果。表3.4顯示了這三種不同的互動結構（Preference Structure）是怎樣影響和限制雙方的策略選擇以及社會運動的結果。

表 3.4 社會運動和政府之間的三種互動結構（Preference Structures）對社會運動發展的不同影響

運動結局 （Equilibrium） 或求解模型 （Solution for the Game）	社會運動所選策略	政府所選策略
圖3.2中的模型	不參與社會運動或先參與社會運動，但在政府威脅後，打退堂鼓。	先威脅社會運動，如果威脅無效，便使用武力。
圖3.3中的模型	參與社會運動，不懼怕政府威脅，繼續示威活動。	先威脅社會運動，如果威脅無效，放棄使用武力。
圖3.5中的模型	參與社會運動，在政府威脅後，如果運動參與者認為政府使用武力的概率（p=50%）小於p*，則無視政府威脅，繼續抵抗。如果運動參與者認為政府使用武力的概率（p=50%）大於p*，則打退堂鼓。	先威脅社會運動，並顯示強大武力。學生無視政府威脅，繼續抵抗。強硬派政府動用武力鎮壓社會運動。溫和派政府放棄使用武力。

表3.4表明，研究存在於社會運動發展過程中的「選擇最優策略的互動結構（Preference Structures）」至關重要。然而，現存的社會運動理論對此並沒有給以足夠的重視。儘管有些研究者意識到應當關注社會運動和政府之間的互動和策略選擇，但是，他們沒有引進任何新的概念，沒有應用任何切實可行的研究技術，以至於無法彌補這一理論上的重要缺失。

在這三種互動結構（Preference Structures）中，圖3.5中的互動結構最為重要。本章詳盡討論了圖3.5中，具有不完整信息的博弈論模型（The Game with Incomplete Information）所具有的各種特徵，政府和社會運動依次選擇的順序以及各種可選擇的策略。所有這一切決定了社會運動的發展和最終結果。

　　本章的核心問題是：社會運動興起之後，政府對其進行的「威脅和恫嚇」能夠阻止社會運動的發展嗎？在研究和解答這一問題時，有兩種不同的方法：（1）應用博弈論方法（The Game Theoretical Approach）；（2）現存理論所做的一般性分析（The Existing Approach）。表3.5對這兩種方法的優劣進行了對照比較。

表3.5　比較兩種不同的研究方法：博弈論技術和現存的研究方法

比較兩種不同的研究方法	應用博弈論方法（The Game Theoretical Approach）所得結論	應用現存的方法（The Existing Approach）所得結論
政府的「威脅和恐嚇」是否奏效？	不僅「徒勞無益」，而且「火上澆油」	「行之有效」，可以阻止社會運動的進一步發展
哪些因素決定「威脅和恐嚇」是否奏效？	選擇最優策略的互動結構，即社會運動參與者對政府意願和動向的主觀猜測以及所選策略的相應後果	雙方的實力對比：社會運動方面手無寸鐵，政府擁有強大的武裝力量
政策建議	如果政府期望避免衝突升級，切記不要對社會運動作出徒勞無功的「威脅和恫嚇」。如果政府堅持「威脅和恫嚇」，則應當改變命題1（Proposition 1）中的兩個前提條件，否則將「事與願違」。	如果政府期望避免衝突升級，便應該對社會運動作出「威脅和恫嚇」。

　　毫無疑問，現存理論應用的研究方法有所不足，所得結論往往與現實背道而馳。大量案例表明，社會運動興起後，政府的「威脅和恫嚇」通常很難達到預期結果。應用博弈論作為研究方法，可以進行更為深入的研究，從而準確地解釋為什麼以強大軍事力量為後盾的政府，其「威脅和恫嚇」確是如此「軟弱無力」。與此同時，應用博弈論進行的研究，可以為政府的政策制定者提供具有科學依據的政策建議。例如：社會運動興起之後，如果政府期望避免衝突的升級，決策者應當理解，最優策略是避免對社會運動作出「威脅和恫

嚇」。根據命題1，只要存在相應的兩個條件，這些「威脅和恫嚇」不僅會「徒勞無益」，而且會「火上澆油」，使矛盾激化。如果政府堅持「威脅和恫嚇」，決策者必須改變命題1中的兩個條件，才有可能達到預期效果。

第四章
政府的次優選擇
（Sub-Optimal Strategies）：
一個具有雙層結構的博弈論模型
（A Two-Level Game）

　　社會運動的興起催生了一個新的社會系統，這一社會系統具有四種系統特徵（Four Properties of the Social System）。前一章討論了第一種特徵，即當社會運動興起之時，政府方面的任何「威脅與恫嚇」，在通常情況下，都是徒勞無功的。本章將討論這一社會系統的第二種特徵，即如果社會運動無視政府的威脅，繼續示威活動，政府便被置於一個具有雙層結構的博弈過程之中（A Two-Level Game）。在這個具有雙層結構的博弈論模型中，政府可選擇的策略十分有限，例如：政府無法選擇最優策略（Optimal Strategies），只能以次優策略（Sub-Optimal Strategies）取而代之。

　　如果社會運動無視政府的威脅，繼續示威活動，政府將會作出什麼反應？是實施威脅，動用武力鎮壓社會運動，還是放棄使用武力？當面臨這一抉擇時，政府是否會受到任何結構性因素（An Institutional Context）的限制？政府是否有可能作出最優選擇？政府作出的任何選擇將對社會運動的進

一步發展產生什麼樣的影響？

例如：1989年4月26日，中國政府明確表態：學生運動是「一場動亂」，政府一定要「堅決，迅速地制止這場動亂」。政府在官方發佈的社論中使用「動亂」這樣的字眼，不但表明了問題的嚴重性，而且試圖為可能實施的武力鎮壓提供一種合法性。但是形勢的發展出人意料，4月27日，社論發表的第二天，政府卻釋放出完全相反的信號，即容許學生無視政府威脅，繼續遊行示威。當遊行隊伍從海澱大學區向天安門廣場進發時，數千名全副武裝的員警，從事先部署的一道道阻擋遊行隊伍的警戒線上撤離。沿途有超過二十萬的北京市民親眼目睹了全副武裝的員警在手無寸鐵的學生面前撤離。政府為什麼出爾反爾？為什麼打退堂鼓？

隨著學生運動的不斷發展，從1989年5月16日到18日，接連三天，超過一百萬的學生和市民走上街頭，遊行示威。5月19日，政府擔心形勢失控，公開申明其使用武力鎮壓學生運動的明確意願。5月20日清晨，中國政府發佈了對北京的戒嚴令（Declaration of Martial Law）。與此同時，數千名持槍核彈的士兵以及坦克車隊被部署在北京市區。這是自學生運動開始以來，政府所作出的最強硬反應。但是，5月20日當天，即戒嚴令實施的第一天，當上百萬學生和市民走上街頭，抗議實施戒嚴令時，政府卻公開違背戒嚴令，命令軍隊立即撤離。是什麼原因使得政府放棄使用武力？難道政府的真實意願和動機確實是容許學生一而再再而三地無視政府威脅，繼續遊行示威？如果真是如此，是哪些因素決定了政

府的意願和動機?政府的意願和動機是否會有所改變?

事實上,社會運動興起之後,政府便已經置身於一個具有雙層結構的博弈論模型(A Two-Level Game)之中,存在於這一模型之中的「選擇最優策略的互動結構(The Preference Structures)」,不僅為政府的決策提供了誘因,而且還設置了障礙(Induce and Constrain the State vis-à-vis its Decision-Making Process)。政府在這些限制之下所選擇的策略,又對社會運動參與者的策略選擇產生了重大影響;從而促成了學生運動的意料之外的結局。

第一節　一個具有雙層結構的博弈論模型（A Two-Level Game）

普特曼(Putman)在研究國內和國際政策的相互影響(Domestic-International Interactions)時,第一次使用了「具有雙層結構的博弈論模型(A Two-Level Game)」這一概念。他指出:「很多有關國際談判的政治(The Politics of Many International Negotiations),可以用「具有雙層結構的博弈論模型」加以解釋。

在國家層面上(At the National Level),國內那些頗有實力的組織為了追求自身利益,向政府施加壓力,強迫政府在國際談判中只能接受對這些組織有利的條件。與此同時,政府也十分重視與這些組織建立聯盟,以確保自身在國內的權力和地位不斷加強。在國際層面上(At the International

Level)，政府則不僅要最大限度地滿足向其施加壓力的國內各種組織的利益，而且還要最大限度地縮小由此在國際關係方面可能造成的各種不利影響。參與國際談判的所有國家，既要捍衛他們的主權，又要保持良好的相互關係。因此，各國的主要決策者必須兼顧處於不同層面的兩個不同的博弈過程（Games）」（1988，第434頁）。

根據普特曼（Putman）對這種「具有雙層結構的博弈論模型（A Two-Level Game）」的分析，在通常情況下，各個國家的政治領袖都在同時應對兩種博弈（Simultaneously Engaged in Two Games），但他們面臨不同的博弈對手。政府在國內層面與國內的各種利益集團進行博弈，在國際層面則與其他國家的政治領袖進行博弈。各國決策者在其中任何一個博弈論模型（A Game at One Level）中所作的策略選擇，限制著他們在另一個博弈論模型（A Game at the Other Level）中的策略選擇。

普特曼（Putman）指出：「在社會生活中，人們同時應對處於不同層面的兩種博弈（Two-Level Games）的現象幾乎無處不在（A Ubiquitous Feature of Social Life）」（1988，第460頁）。肯尼斯A. 謝帕斯爾（Kenneth A. Shepsle）和他的同事們（1985）分析了立法者（A Legislator）在同時應對兩個不同的博弈過程時（Two Games）怎樣進行策略選擇。這些立法者進行的第一種博弈是在立法機構內（The Legislative Arena），另一種博弈則是在他的選區內（The Electoral Arena）。沙普夫，弗裡茨（Fritz Scharpf）（1988）也指

出，宏觀經濟政策（Macro-Economic Policy），是政府在同時應對兩種博弈（Two Simultaneous Games）時，所作的政策選擇。在這種情況下，政府一方面與工會博弈（Against the Unions），另一方面是與選民（The Anticipated Reactions of the Electorate）博弈。

由此看來，所謂政府行為，就其本質而言，就是同時在多種博弈中獲取平衡（The Multiple-Game Nature of State's Activity），這已經成為政府工作的常態。這裡需要指出的是，與其他博弈論模型（Games）相比，具有雙層結構的博弈論模型（A Two-Level Game）有兩個與眾不同的特點。

第一個特點是，主要參與者（A Major Player）要同時面對兩個完全不同的對手。例如：斯特勞斯，羅伯特（Robert Strauss）（1987，第viii頁）曾經這樣回憶東京貿易談判：「我當時出任美方的貿易談判代表，但是，我只花費一半的時間與其他國家的貿易代表進行談判；因為我必須花大量的時間與國內相關方面進行協商，其中包括企業代表，工人代表以及國會議員等。」

第二個特點是，對於主要參與者（A Major Player）而言，他在其中任何一種博弈中的可選擇策略（The Options Available），受到了他在另一種博弈中所選擇的策略的限制（Limited by the Strategies Pursued by the Major Player in the Other Game）。例如：沙普夫（Scharpf）（1988）指出，如果政府期望同時解決通貨膨脹和降低失業率這兩個問題，則必須制定合理的金融與貨幣政策。但是，解決通

貨膨脹問題需要限制性的金融和貨幣政策（Using the Policy Restrictively against Inflation），而降低失業率則需要採取擴張性的金融和貨幣政策（Using the Policy Expansively against Unemployment）。由此看來，政府必須在同時參與的兩種博弈過程中，選擇兩種完全相反的策略（Pursuing Opposite Strategies in Two Simultaneous Games）。

毫無疑問，普特曼（Putman）的重大貢獻在於他創造了「具有雙層結構的博弈論模型（A Two-Level Game）」這一概念，用以描繪社會生活中的一種重要特徵。但是，他的理論尚有不足之處，因此有必要對其加以補充。

在現實生活中，存在著兩種不同的「具有雙層結構的博弈論模型（A Two-Level Game）」，我們必須對其加以區分。在普特曼（Putman）所討論的那種具有雙層結構的博弈論模型中，主要參與者（A Major Player）始終有著明確的意願和動機，即盡最大努力同時滿足兩位不同對手的需求。然而，這兩位對手有著相互衝突的利益追求，這使得主要參與者（A Major Player）處於進退兩難（An Ongoing Dilemma）的境地。例如：在包括國內和國外兩個層面的博弈論模型中，國內選民和國外其他國家的貿易代表有著完全相反的利益。以美國和墨西哥之間的貿易關係為例，國內選民期望政府能夠提高關稅，保護國內經濟；但墨西哥的貿易代表則要求美國政府降低關稅。這清楚地表明，無論政府決策者期望同時滿足兩位對手需求的意願多麼強烈，他們在其中一種博弈中所選擇的策略，確實限制了他們在另一種博弈中可以選

擇的策略。我把普特曼（Putman）所討論的這種具有雙層結構的博弈論模型，稱作「取悅對手型的具有雙層結構的模型（The Intermediary Two-Level Game）」。

然而，普特曼（Putman）忽視了另外一種「具有雙層結構的博弈論模型（A Two-Level Game）」。在這種博弈論模型中，主要參與者（A Major Player）在博弈過程中的意願和動機是，期望滿足（To Please）其中一位對手的利益需求，與此同時，壓制（To Suppress）另一位對手的利益需求。但是，這兩位對手之間卻有著共同的利益追求（A Common Interest），而不是利益衝突（A Conflict of Interests）。據此，這種「具有雙層結構的博弈論模型」與普特曼的「具有雙層結構的博弈論模型」有著顯著的差別。但主要參與者（A Major Player）同樣處於進退兩難（An Ongoing Dilemma）的境地。無論主要參與者期望壓制其中一位對手的願望有多麼強烈，他都難以承擔因此而冒犯了另一位對手所造成的嚴重後果。因為他的本意是逢迎第二位對手，而絕對不能冒犯他。其結果，主要參與者在第一種博弈中，依據理性原則作出了策略選擇（壓制對手），但這種選擇在第二種博弈中是非理性的（在這裡，逢迎對手是理性選擇，壓制對手是非理性選擇）。

這裡，我把第二種具有雙層結構的博弈論模型稱為「厚此薄彼型的具有雙層結構的博弈論模型（The Discriminatory Two-Level Game）」，因為主要參與者（A Major Player）在兩個博弈論模型中的意願和動機截然相反。表4.1對這兩種不同的「具有雙層結構的博弈論模型」進行了比較。

表4.1 比較兩種不同的「具有雙層結構的博弈論模型Two-Level Games」

比較兩種不同的模型	取悅對手型的具有雙層結構的博弈論模型（Putnam's Intermediary Two-Level Game）	厚此薄彼型的具有雙層結構的博弈論模型（My Discriminatory Two-Level Game）
主要參與者的兩位對手之間的利益關係	兩位對手之間存在著利益衝突（A Conflict of Interests）	兩位對手之間存在著共同利益（A Common Interest）
主要參與者與兩位對手之間的關係	主要參與者期望同時取悅（To Please）兩位對手	主要參與者期望取悅（To Please）其中的一位對手，與此同時，壓制（To Suppress）另一位對手

社會運動的興起，迫使政府幾乎同時置於這兩類不同的「具有雙層結構的博弈論模型」之中。羅森塔爾（Rosenthal），芬格魯德（Fingrutd），艾瑟爾（Ethier），卡蘭特（Karant）和麥克唐納（McDonald）指出：「社會運動為無權無勢的平民提供了一種武器。對於那些與各種機構（Formal Institutional Ties）毫無聯繫的個人和群體，社會運動為他們提供了一個展示自己的廣闊舞臺；對於那些與官方意識形態相距甚遠的思想觀念（Ideas），社會運動為它們提供了一個廣泛傳播的重要機會。社會運動不但挑戰現存的各種權力關係（Relations of Power），而且質疑支撐這種權力關係的各種意識形態（The Ideological Underpinnings）」（1985，第1022頁）。

社會運動興起之後，政府首先置身於「取悅對手型的

具有雙層結構的博弈論模型（The Intermediary Two-Level Game）」之中。在這類模型中，政府的對手既包括無權無勢的平民，也包括位尊勢重的各種利益集團。這兩類對手有著截然不同的利益訴求（Having Opposing Interests），平民希望獲得更多的權力，而利益集團則千方百計保護手中的權力。面對風起雲湧的社會運動，政府究竟應該順從民意，促進社會運動的發展，還是應該與各種利益集團為盟，阻止社會運動的發展？政府處於進退兩難（An Ongoing Dilemma）的境地。

與此同時，政府也被置身於「厚此薄彼型的具有雙層結構的博弈論模型（The Discriminatory Two-Level Game）」之中。例如：1989年，那是中國落實鄧小平改革開放政策的極其關鍵的一年。政府決策者們迫不及待地為爭取更多的外國投資而努力，與此同時，也在積極引進國外的先進技術和企業管理方法。由於經濟改革的需要，在國際層面上，中國政府當時正在努力取悅國際社會，以便儘快地融入世界經濟體系。在國內，面對學生運動的挑戰，鄧小平和他的同僚們絕對不會為了取悅學生和平民，而放棄任何共產黨掌握的權力。他們為了鞏固共產黨的地位，必須盡力壓制學生運動。在這一「厚此薄彼型的具有雙層結構的博弈論模型（The Discriminatory Two-Level Game）」中，中國政府與之博弈的兩個對手分別是「學生運動」和「國際社會」。這兩個對手有著共同的利益（Common Interest）訴求－改善中國的人權現狀（Human Rights Improvement），給予非政府性

的學生組織和其他群眾組織以合法地位（The Legitimization of Civil Organizations）等等。因此，政府處於進退兩難（An Ongoing Dilemma）的境地。為了中國的經濟改革，政府極力想取悅國際社會。但政府在國際層面這一博弈過程中所選取的策略，並非是它期望在與學生博弈過程中所選取的策略。

綜上所述，所謂制定國家政策，其本質即是政府必須同時在多種不同的博弈過程（The Multiple-Game Nature of a State's Policies）中間求得一種平衡。但是「具有雙層結構的博弈論模型（A Two-Level Game）」並非是主要參與者（A Major Player）必須同時應對的任意兩種博弈過程（Two Games）的結合。根據定義，「具有雙層結構的博弈論模型（A Two-Level Game）」必須符合以下兩個要求之一。

1. 在「取悅對手型的具有雙層結構的博弈論模型（The Intermediary Two-Level Game）」中，主要參與者（A Major Player）的博弈對手分別來自兩個不同的群體，他們有著截然相反的利益訴求。例如：在墮胎和反墮胎的社會運動中，政府面對的兩個不同的博弈對手－「捍衛選擇權」（Pro-Choice）群體和「捍衛生命權」（Pro-Life）群體－有著截然相反的利益訴求。但是，政府的意願是盡最大努力同時取悅這兩個群體。

2. 在「厚此薄彼型的具有雙層結構的博弈論模型（The

Discriminatory Two-Level Game）」中，主要參與者（A Major Player）期望取悅一個博弈對手，同時壓制另一個博弈對手。例如：1989年，學生運動興起後，中國政府極力想取悅國際社會；與此同時，又極力想壓制學生運動。但是，同時與政府博弈的這兩個對手雖然分處不同的模型之中（Two Games），卻有著共同的利益追求。

政府只有同時處於以上兩種形勢或者至少處於其中一種形勢中，它在其中任何一種博弈（A Game）中的策略選擇，才會限制它在另一種博弈（Another Game）中的策略選擇。

1989年，學生運動興起時，中國政府同時面臨許多博弈對手（Games）。但是根據定義，政府身處的大多數博弈過程同以學生運動為對手的「具有雙層結構的博弈過程（A Two-Level Game）」沒有關係。例如：1989年，中央政府和地方政府正處於一種博弈過程之中。為了發展經濟，地方政府不計後果地鼓勵銀行提供貸款，新的發展項目不計其數。中央政府則制定政策法規對地方決策者加以限制，力圖控制這種惡性膨脹。

雖然當時政府正在忙於應對學生運動，但是中央政府和地方政府之間的博弈，不能成為「具有雙層結構的博弈論模型（A Two-Level Game）」的一部分。「學生運動」和「地方決策者」同為政府的博弈對手，但是政府的這兩名博弈對手之間完全沒有利益衝突（A Conflict of Interests）。因

此,根據定義,「取悅對手型的具有雙層結構的博弈論模型(The Intermediary Two-Level Game)」並不存在。與此同時,「學生運動」和「地方決策者」之間也沒有共同的利益訴求(A Common Interest)。中央政府也沒有意願對「學生運動」和「地方決策者」實行「厚此薄彼」的策略。與其相反的是,如果中央政府壓制學生運動,正可以顯示其為強硬派政府;而強硬派掌握的中央政府更容易有效地控制地方財政。因此,根據定義,「厚此薄彼型的具有雙層結構的博弈論模型(The Discriminatory Two-Level Game)」也不存在。

1989年,中國政府的另一個博弈對手是中國軍方,但是中央政府和軍方之間的博弈,同樣不是「具有雙層結構的博弈論模型(A Two-Level Game)」的一部分。「學生運動」和「軍方」同為政府的博弈對手,但是政府明確表示只願意取悅「軍方」,不願取悅「學生運動」。所以「取悅對手型的具有雙層結構的博弈論模型(The Intermediary Two-Level Game)」並不存在。與此同時,「學生運動」和「軍方」之間也沒有共同的利益訴求(A Common Interest)。因此,根據定義,「厚此薄彼型的具有雙層結構的博弈論模型(The Discriminatory Two-Level Game)」也不存在。

綜上所述,1989年學生運動興起後,出現的唯一一個值得重視的「具有雙層結構的博弈論模型」是一個「厚此薄彼型的具有雙層結構的博弈論模型(The Discriminatory Two-Level Game)」。在這個模型中,中國政府與之博弈的兩個對手分別是「學生運動」和「國際社會」。

第二節　在具有雙層結構的博弈論模型中選擇策略的複雜性

如果主要參與者（A Major Player）只面臨一種博弈（One Game），他選擇哪種策略以及相應的結果是什麼，只取決於他的博弈對手選擇哪種策略。然而，當這個主要參與者必須同時應對兩種博弈（Two Games）時，他在其中任意一種博弈過程所選擇的策略及其相應結果，將不僅取決於其博弈對手的策略選擇，而且受制於他自己在另一個博弈中所選擇的策略。正因為如此，在「具有雙層結構的博弈論模型（A Two-Level Game）」中選擇策略，成為一個十分複雜的問題。

普特曼（Putman）指出，在「具有雙層結構的博弈論模型」中選擇策略，其複雜性體現在，當主要參與者同時面對兩位不同的對手時，他在任何一個博弈模型中，根據理性作出的策略選擇，在另一個博弈模型中通常是非理性的。當「具有雙層結構的博弈論模型」包括國際和國內兩個層面時，普特曼（Putman）指出：「當主要參與者對國際談判的結果表示不滿時，他的反應將會干擾談判的正常進行；但與此相反的是，如果這個主要參與者不能取悅他在國內層面的博弈對手，他可能會因此丟掉飯碗」（1988，第435頁）。長期以來，人們一直把各種國際談判的參與者，視為獨立的僅僅代表國家利益的政府官員。但普特曼（Putman）的分

析和認識更為深刻,他用談判代表必須同時參與「兩種博弈(Two Games)」的比喻,準確地描述了國際談判中的動態特徵以及各國談判代表面對的複雜形勢。

莎普夫(Scharpf)研究了許多工業化國家在二十世紀七十年代初所面臨的經濟環境以及策略選擇。他同樣注意到在「具有雙層結構的博弈論模型(A Two-Level Game)」中選擇策略的複雜性。莎普夫(Scharpf)指出:「簡而言之,七十年代主要的經濟問題是經濟停滯,與之相伴的是戰後以來前所未有的高通貨膨脹率以及大規模的失業。其結果,高通貨膨脹率使生產成本不斷增加,高失業率使勞動力市場的需求不斷降低。在一般情況下,政府可以應對高通貨膨脹率,也可以解決高失業率;但是難以同時解決這兩個問題。因為政府解決其中任何一個問題的策略,將不可避免地使另一個問題變得更為嚴重」(1988,第231-232頁)。

這種進退兩難的局面,恰恰是社會運動興起後政府所處的困境。在「取悅對手型的具有雙層結構的博弈論模型(The Intermediary Two-Level Game)」中,如果政府取悅「社會運動」,它將無法取悅國內的其他「權力集團」。因為「社會運動」和「權力集團」之間存在著利益衝突。在「厚此薄彼型的具有雙層結構的博弈論模型(The Discriminatory Two-Level Game)」中,如果政府如其所願地壓制「社會運動」,它在和「國際社會」博弈時必將處於極為被動的地位。因為「社會運動」和「國際社會」有共同

的利益追求；當政府選擇壓制「社會運動」時，它便無法取悅「國際社會」。

1989年，當學生們走上街頭，開始示威遊行時，中國政府在4月26號嚴正威脅學生運動。4月27號，武裝員警被部署在重要路口，這一行動表明了政府壓制學生運動的決心。但學生們無視政府威脅，繼續示威遊行；所有的武裝員警奉命撤離。5月20日，中國政府頒佈了戒嚴令，數千名士兵以及坦克遍佈前往北京的主要通道，這是政府對學生運動作出的第二次嚴正威脅。但是，一場聲勢浩大的抗議「戒嚴令」的群眾運動席捲北京。士兵和坦克奉命後退，政府又一次打了退堂鼓。

中國政府為什麼一而再再而三地打退堂鼓？原因很簡單，因為中國政府處於一個「厚此薄彼型的具有雙層結構的博弈論模型（The Discriminatory Two-Level Game）」之中。1989年，國際輿論廣泛地報導了北京的學生運動，中國政府感受到來自國際社會的巨大壓力，它清楚地意識到，任何對學生運動的暴力鎮壓，都會招致國際社會對中國的經濟制裁；而中國政府無法承擔這一嚴重後果。1989年是中國經濟改革的關鍵性一年，中國急需引進外國資本，而經濟制裁則可能使中國的經濟改革功虧一簣。

1989年，出於經濟改革的需要，中國政府具有取悅國際社會的強烈意願。實現這一願望的最佳策略是避免和學生運動之間的衝突升級，甚至對學生提出的各項要求作出讓步。然而，中國政府絕對不情願選擇這樣的策略。因為政府對學

生運動一旦退讓，就可能產生多米諾骨牌效應，其結果，中國共產黨就會喪失在中國的領導地位和相應權力，發生在前蘇聯和其他東歐國家的政治動亂，將不可避免地在中國發生。

簡而言之，當社會運動無視政府威脅，繼續示威活動時，政府將面臨極為複雜的策略選擇。政府有可能處於「取悅對手型的具有雙層結構的博弈論模型（The Intermediary Two-Level Game）」之中，也有可能處於「厚此薄彼型的具有雙層結構的博弈論模型（The Discriminatory Two-Level Game）」中。更有甚者，政府有可能同時處於這兩種「具有雙層結構的博弈論模型（Two Two-Level Games）」之中。無論處於哪一種形勢，政府的策略選擇將會受到種種限制。與此同時，當政府面臨困境時，它通常盡力掩飾其真實意願和動機，因此，它會發出各種相互矛盾的暗示和信號。

第三節　在兩個不同的博弈論模型之間進行調和（Consistency）的強烈動機

如前所述，在「具有雙層結構的博弈論模型（A Two-Level Game）」中同時進行策略選擇，是一項極其複雜的任務。在一個博弈過程（A Game）中所作的理性選擇，在另一個博弈過程（Another Game）中通常是非理性的選擇。普特曼（Putman）指出：主要參與者（A Major Player）「有著強烈的意願（Powerful Incentives），他期望在兩個不同的博弈過程

（Two Games）中進行調和（Consistency）」（1988:434）。為什麼主要參與者（A Major Player）期望在兩個不同的博弈過程（Two Games）中進行調和（Consistency）？怎樣進行調和？

在「具有雙層結構的博弈論模型（A Two-Level Game）」中，主要參與者必須同時面對兩位不同的博弈對手，他不能忽視其中任何一個。在這種情況下，主要參與者必須在兩個博弈對手之間取得一種平衡（Balance His Interests in the Two Games）。這意味著他會努力使自己在兩種博弈中的報酬之和取得最大值（By Maximizing the Sum of His Payoffs from Both Games）。由此，他產生了在兩個不同的博弈過程中進行調和的強烈動機。

怎樣調和處於兩個不同層面的相互對立的博弈過程（The Two Games in Conflict）？普特曼（Putman）針對「取悅對手型的具有雙層結構的博弈論模型（The Intermediary Two-Level Game）」發展了一種理論。在這一模型（Game）中，主要參與者期望同時取悅處於不同層面的國內及國外兩位博弈對手。然而，這兩位對手的利益訴求截然相反。在這裡，普特曼（Putman）首先創造了一個新的概念：「勝案合集（Win-Sets）」，然後，他區分了「非自願違約（Involuntary Defection）」與「自願違約（Voluntary Defection）」。普特曼（Putman）的這一理論清楚地解釋了，主要參與者是怎樣在「取悅對手型的具有雙層結構的博弈論模型」中進行調和的。

在國際談判中，分別代表兩個國家的兩位談判代表試圖達成一項協定，這項協定必須獲得雙方政府的批准方能生效。普特曼（Putman）（1988，第438頁）認為，參與談判的任何一方都有一個「勝案合集（Win-Sets）」，其中包括所有可能達成，同時又可能獲得本國政府批准的談判結果。根據普特曼的定義，任何國際談判的成功結果，最終都將分別落入雙方的「勝案合集（Win-Sets）」。普特曼指出：「這兩位談判代表的『勝案合集（Win-Sets）』必須有某種重疊（Overlap），國際談判才有可能取得成功。雙方的『勝案合集』規模越大（The Larger Win-Sets），它們相互重疊的可能性就越大。相反，如果雙方的『勝案合集』規模越小（The Smaller Win-Sets），它們相互重疊的可能性就越小，國際談判破裂的可能性就會顯著增加」（1988，第438頁）。

在普特曼（Putman）的理論中，「非自願違約（Involuntary Defection）」是指談判代表由於不能獲得本國政府的批准，所以無法履行協議。「自願違約（Voluntary Defection）」則是在缺乏強制執行手段（The Absence of Enforceable Contracts）的情況下有意違約（Intentionally Renege）。如果其中的一位談判代表有規模較大的「勝案合集」，另一位談判代表則有可能以此為契機，迫使第一位代表接受不公正的協議（Be Push Around）。

普特曼（Putman）的理論清楚地表明，在「取悅對手型的具有雙層結構的博弈論模型」中，儘管主要參與者同時

應對的兩位博弈對手有著截然相反的利益訴求，主要參與者的首要任務是關注這兩位對手的「勝案合集（Win-Sets）」是否有某種重疊。主要參與者「調和」這兩個博弈過程的手段，就是從這兩位博弈對手的「勝案合集（Win-Sets）」的相互重疊部分選取策略。然而，普特曼的理論無法應用於「厚此薄彼型的具有雙層結構的博弈論模型」。因此，需要發展一種理論，說明主要參與者（A Major Player）怎樣在「厚此薄彼型的具有雙層結構的博弈論模型」中進行調和。

第四節　次優策略（Sub-Optimal Strategies）：對普特曼理論的補充

在「取悅對手型的具有雙層結構的博弈論模型」中，主要參與者必須關注他的兩位博弈對手的「勝案合集（Win-Sets）」是否相互重疊以及相互重疊的程度如何。而在「厚此薄彼型的具有雙層結構的博弈論模型」中，主要參與者的關注點改變了，因為他的兩位博弈對手的「勝案合集（Win-Sets）」是相互重疊的，他們的利益訴求完全一致。與此同時，主要參與者在每一個模型（A Game）中都有一個自己的「策略合集（A Set of Strategies）」，其中收集了在這一個博弈過程中，可採用的所有策略。例如：1989年，中國政府有一個與「學生運動」博弈的「策略合集」，與此同時，還有一個與「國際社會」博弈的「策略合集」。（詳見表4.2）

表4.2 中國政府在「厚此薄彼型的具有雙層結構的博弈論模型（The Discriminatory Two-Level Game）」中的兩種「策略合集（Two Sets of Strategies）」

中國政府的兩種「策略合集」	政府與學生運動博弈（Game with Student Movement）	政府與國際社會博弈（Game with International Community）
最優策略（Optimal Strategy）	學生運動興起後，政府以「威脅」為策略；學生繼續示威，政府以武力鎮壓。	學生運動興起後，政府作出讓步，接受學生的訴求。
次優策略（Sub-Optimal Strategy）	學生運動興起後，政府以「威脅」為策略；學生繼續示威，政府放棄使用武力。	學生運動興起後，政府以「威脅」為策略；學生繼續示威，政府放棄使用武力。
不可接受的策略（Unacceptable Strategy）	學生運動興起後，政府作出讓步，接受學生的訴求。	學生運動興起後，政府以「威脅」為策略；學生繼續示威，政府以武力鎮壓。

　　從表4.2中可見，在和「學生運動」的博弈過程中，政府有最優，次優以及不可接受的策略之區分。最優策略是「威脅」學生運動，展示武力，如果學生無視政府威脅，則實施武力鎮壓。次優策略是「威脅」學生運動，展示武力，如果學生無視政府威脅，政府將放棄使用武力。雖然選擇這兩種策略的結果有顯著差別，但它們都勝過不可接受的策略所帶來的結果，那便是學生運動興起後，政府立即退讓求和。

　　表4.2展示了在與「學生運動」博弈的同時，政府也在和「國際社會」博弈。在與「國際社會」博弈的過程中，政

府也有最優策略，次優策略以及不可接受的策略之分。最優策略是學生運動興起後，政府退讓求和，以取悅國際社會。次優策略是「威脅」學生運動，展示武力，如果學生無視政府威脅，政府將放棄使用武力。「國際社會」可以接受的是最優和次優策略，不能接受的策略是「威脅」學生運動，展示武力，如果學生無視威脅，則實施武力鎮壓；其結果，國際社會必將以經濟制裁懲罰中國政府。

在這個「厚此薄彼型的具有雙層結構的博弈論模型」中，政府的最優，次優以及不可接受的策略是依據其結果的效用大小進行排列的。（詳見圖4.1）

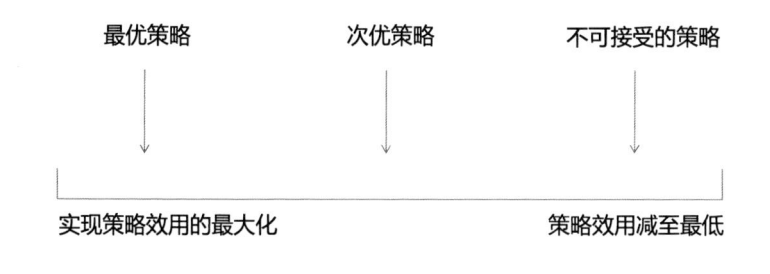

```
   最优策略          次优策略        不可接受的策略
      ↓                ↓                ↓
   ├─────────────────────────────────────────┤
   实现策略效用的最大化            策略效用减至最低
              ─────────────────────→
                政府策略的效用依次遞減
```

圖4.1　單一博弈過程中的一個策略合集
（A set of Strategies in One Game）

圖4.1顯示了政府的「策略合集（A Set of Strategies）」。政府可選擇的策略以及相應結果的效用，從左至右依次遞減。最左側的最優策略（Optimal Strategy）可以實現效用的最大化（Maximize the State's Utility），而處於中間的次

優策略（Suboptimal Strategy）則無法使效用達到最大化，但它勝於不可接受的策略（Unacceptable Strategy）。因為處於右側的不可接受的策略，其相應結果是效用減至最低（Minimize the State's Utility）。所以，最優和次優策略可以統稱為「可以接受的策略（Acceptable Strategy）」。1989年，中國政府在與「學生運動」和「國際社會」博弈的過程中，分別有兩種可以接受的「策略合集」（Two Acceptable Sets of Strategies）。（詳見表4.3）

表4.3　中國政府的兩種可以接受的「策略合集」
　　　（Two Acceptable Sets of Strategies）

中國政府的兩種可以接受的「策略合集」	在和「學生運動」博弈時中國政府可以接受的「策略合集」	在和「國際社會」博弈時中國政府可以接受的「策略合集」
最優策略	學生運動興起後，政府以「威脅」為策略；學生繼續示威，政府以武力鎮壓。	學生運動興起後，政府作出讓步，接受學生的訴求。
次優策略	學生運動興起後，政府以「威脅」為策略；學生繼續示威，政府放棄使用武力。	學生運動興起後，政府以「威脅」為策略；學生繼續示威，政府放棄使用武力。

根據表4.3，在每一個博弈過程（Game）中，政府都有兩種可以接受的策略選擇，但是政府只能選擇一種。因此，政府只能在它的兩個可接受的「策略合集」相互重疊的部分作出策略選擇。（詳見圖4.2）

```
最优策略              次优策略              最优策略
   ↓                    ↓                    ↓
┌─────────────────┐          ┌─────────────────┐
│     模型 1      │          │     模型 2      │
└─────────────────┘          └─────────────────┘
在模型1中，实现政府策略效用的最大化    在模型2中，实现政府策略效用的最大化
──────────────────────→      ←──────────────────────
在模型1中，政府策略的效用依次递减    在模型2中，政府策略的效用依次递减
```

圖4.2 部分重疊的兩個策略合集
（Overlapping Sets of Acceptable Strategies）

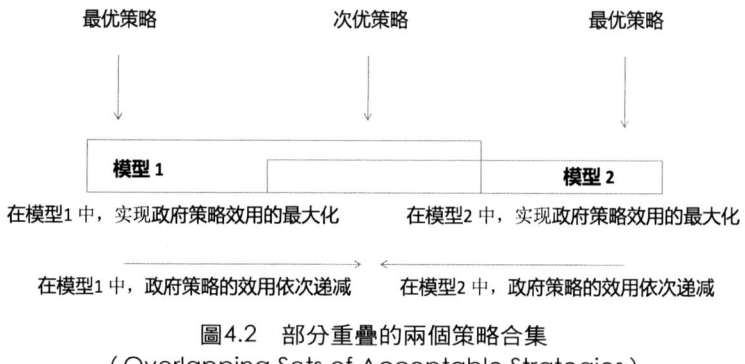

圖4.2顯示了政府的兩個可以接受的「策略合集」是怎樣相互重疊的。圖中左右兩側分別代表政府在兩個不同的模型（Two Games）中的最優策略，它們之間沒有任何重疊。因為在其中一個模型中，政府所選策略的效用從左至右依次遞減；而在另一個模型中，從右到左，效用依次遞減。由此看來，政府唯一的選擇是次優策略，因為在兩個模型中，只有次優策略相互重疊。

如前所述，1989年學生運動興起後，中國政府置身於一個「厚此薄彼型的具有雙層結構的博弈論模型（The Discriminatory Two-Level Game）」中。政府必須同時應對「學生運動」和「國際社會」兩個對手，其結果，無論在那一個模型中，政府都不能選擇最優策略。政府的唯一選擇是次優策略，即「威脅」學生運動，展示武力，如果學生無視政府威脅，政府將放棄使用武力。

當學生運動興起之時，如果政府選擇「立即實施武力鎮

壓」，這可能是壓制「學生運動」的最優策略，但卻是取悅「國際社會」的最差策略。與此同時，政府也無法選擇「退讓求和，打退堂鼓」。這雖然是取悅「國際社會」的最優策略，但卻是應對「學生運動」的最差策略。政府的唯一出路是退而求其次，被迫選取次優策略。

綜上所述，社會運動興起之後，政府置身於一個「厚此薄彼型的具有雙層結構的博弈論模型」中，它的所有策略選擇都被這種雙重性結構（A Two-Level Game）所限制。這種限制表現在以下兩個方面。第一，政府盡力掩飾它的真實意願和動機。因為如果它表現出任何武力鎮壓的企圖，整個國際社會將會怒不可遏，隨之而來的是經濟制裁。同樣道理，如果政府表現出急於取悅國際社會的真實動機，學生運動將會趁機擴大聲勢，給政府帶來巨大壓力。第二，儘管政府選擇了次優策略，它的選擇是迫不得已的，是非自願的，因為政府沒有其他的選擇。

當主要參與者（A Major Player）在一個「厚此薄彼型的具有雙層結構的博弈論模型」中選擇了次優策略，這一策略將怎樣影響它的博弈對手？在社會運動的進程中，如果政府被迫持續選擇次優策略，這一策略將怎樣影響社會運動的結果？

第五節　政府選擇次優策略對社會運動產生的重要影響

在社會運動發展過程中，如果政府重複選擇次優策略（Suboptimal Strategy），將會造成兩種影響。第一，當以對抗政府為目標的社會運動興起之後，運動參與者迫不及待地想瞭解政府的反應，他們需要弄清政府的意向和動機，以便決定下一步的策略。與此同時，由於政府選擇了次優策略，它所傳遞的暗示和信號如下：（1）政府不會使用武力；（2）社會運動所面對的是溫和派政府；（3）政府正在盡力取悅國際社會，它擔心一旦動用武力，將招致國際社會的強力譴責和經濟制裁。社會運動參與者根據政府所傳遞的這些信息，對政府的意願和動機作出他們自己的判斷，並根據這一判斷決定社會運動的進一步的策略選擇。

例如：1989年，幾乎所有的學生和北京市民自始至終都抱有一個堅定的信念，即無論在什麼情況下，中國政府都不會動用武力鎮壓學生運動。這是因為政府在和學生發生衝突的過程中，一而再再而三地選擇次優策略。政府釋放的所有信息都是放棄使用武力。學生和市民一致認為這是政府屈服國際輿論巨大壓力的結果。幾乎所有的學生運動參與者都認為，政府期望取悅國際社會的意願是不會改變的。更有甚者，他們從來沒有懷疑過自己的這些判斷。

然而，當學生運動依據自己對於政府意向的判斷而作

出策略選擇時,他們完全沒有意識到政府隨時有可能改變策略,隨時有可能以最優策略取代次優策略。在某種意義上,學生和市民對政府意願的判斷具有一種潛在的危險。例如:他們把政府隨時可能改變的意願視為「一成不變」;把政府釋放出的暗示和信號所具有的「暫時可靠」性視為「永久可靠」性。本書第五章將詳細討論政府何時以及為什麼以最優策略取代次優策略。

在社會運動發展過程中,如果政府重複選擇次優策略(Suboptimal Strategy),還會造成第二種影響,即政府在重複選擇次優策略後,它便喪失了傳遞自己真實意願和動機的一切手段。政府在採用次優策略時,雖然掩蓋了自己在一個具有雙層結構的博弈(A Two-Level Game)過程中的真實意圖,但清晰地釋放出了如下信息,即政府是不會使用武力鎮壓學生運動的。當政府一而再再而三地公開傳遞這一信息後,學生運動便依據這一信息進行所有的策略選擇。隨著社會運動的發展,當政府最終期望消除這一信息對學生運動造成的影響,它會發現所有的努力都是徒勞無功。其結果,當政府決定動用武力之前,它竭力想讓運動參與者瞭解自己的真實意願和動機,以減少不必要的人員傷亡;但是它突然發現,政府已經沒有能力,也沒有相應的手段達到這一目的。

儘管政府手中大權在握,還有強大的武裝力量作為後盾,但一旦喪失了與社會運動進行有效溝通的能力和手段,政府便完全無法控制社會運動的發展。本書第六章將討論政府是怎樣由於缺乏和學生及市民交流和溝通的手段,從而完

全喪失了對學生運動的控制。本章討論了政府在「厚此薄彼型的具有雙層結構的博弈論模型」中怎樣選擇策略。據此提出本書的第二個理論命題（Proposition 2）。

> 命題2（**Proposition 2**）：社會運動的興起，使政府置於「厚此薄彼型的具有雙層結構的博弈論模型」之中。政府在這兩個模型中最初的唯一選擇是「次優策略（Suboptimal Strategy）」，即威脅社會運動，顯示武力；如果運動參與者無視威脅，政府放棄使用武力。政府的這一選擇不但對運動的發展進程有重大影響，而且使政府最終喪失了向運動參與者傳遞其真實意願和動機的所有手段。

第六節　本章結論

本章的重要發現是，社會運動興起之後，政府通常被置身於「具有雙層結構的博弈論模型（A Two-Level Game）」之中，其結果，政府必須面對三種可能的局面：（1）政府可能置身於「取悅對手型的具有雙層結構的博弈論模型（The Intermediary Two-Level Game）」之中；（2）政府可能置身於「厚此薄彼型的具有雙層結構的博弈論模型（The Discriminatory Two-Level Game）」之中；3）政府也可能同時處於這兩類模型之中。因此，政府在與社會運動博弈的同時，還必須應付其他博弈對手。

政府作為多種博弈過程中的主要參與者（A Major Player），在選擇策略時，面臨一種十分複雜的局面。因為它在其中任何一個博弈過程（A Game）中所作的理性選擇，在另一個博弈過程（Another Game）中，通常轉變為非理性的選擇。這是因為在某些情況下，政府同時與之博弈的兩名對手有截然相反的利益訴求，而政府的利益所在是需要同時取悅這兩名對手。還有一種可能是，這兩名對手有著共同的利益訴求，但政府的利益所在是取悅其中一名對手，同時壓制另一名對手。正因為如此，「具有雙層結構的博弈論模型（A Two-Level Game）」使政府在選擇策略時瞻前顧後，舉步維艱。與此同時，這種具有雙層結構的博弈過程，迫使政府盡一切可能掩飾它的真實意願和動機。

儘管在「具有雙層結構的博弈論模型（A Two-Level Game）」中選擇策略十分困難，政府作為主要參與者卻有一種強烈的動機，即在處於兩個層面的不同博弈過程中獲取一種平衡。這是因為政府無法承擔忽視任何一個博弈過程（A Game）的後果。特別需要指出的是，在「厚此薄彼型的具有雙層結構的博弈論模型」中，政府必須同時放棄它在兩個不同的博弈過程中的最優策略，而選擇次優策略，以此獲取平衡。

當政府選擇次優策略時，它釋放出許多關於政府動機的重要信息，這些信息成為社會運動參與者評估政府意願的唯一依據。根據這些信息，運動參與者形成了他們對政府動機和意願的判斷，並根據這些判斷選擇他們的策略。然而，政

府的意願和動機並非一成不變，它有可能隨時採用最優策略以取代次優策略。由此可知，政府在選擇次優策略時所釋放出的各種信息，有可能是虛假信息。

政府選擇次優策略的結果，是使其喪失了與社會運動進行溝通和交流的能力和必要手段，其結果，當政府迫切需要讓對手瞭解其真實意圖時，它的一切努力變得徒勞無功。無論政府手中有多少權力，也無論它掌握的軍事力量有多麼強大，當政府一旦無法與社會運動參與者溝通與交流時，它便完全失去了控制社會運動如何發展的能力。

本章用博弈論理論研究了當社會運動興起後，政府所作的策略選擇，有必要將其與現存的理論及研究作一對比。（詳見表4.4）

表4.4 比較兩種不同的研究方法：博弈論技術和現存的研究方法

比較兩種不同的研究方法	應用博弈論方法（The Game Theoretical Approach）所得結論	應用現存的方法（The Existing Approach）所得結論
哪些因素決定政府的策略選擇：「促進社會運動」還是「壓制社會運動」？	決定因素是政府所處的博弈論模型的結構，例如：具有雙層結構的博弈論模型。這一結構限制著政府的策略選擇。	決定因素是政府的意願，因為政府的實力決定了它可以採用必要手段「促進」，或者「壓制」社會運動。
哪些因素決定政府控制社會運動發展的能力？	決定因素是政府是否有能力和必要的手段與社會運動進行溝通，明確表達自己的意願和動機。	決定因素是政府掌握的軍事力量。
政策建議	如果社會運動認為政府不可能以最優策略取代次優策略，他們將對形勢作出錯誤判斷，並置身於危險境地。如果政府重複選擇次優策略，它將徹底喪失控制社會運動發展的能力和手段。	

從表4.4可知，在分析政府和社會運動之間的互動時，與現存理論的一般性分析相比較，博弈論作為一種極其有效的工具，為我們提供了一種更為全面和深刻的分析。在研究政府對社會運動作出的各種反應時，最關鍵的是理解政府反復選擇的策略——「威脅社會運動，但放棄使用武力」——是政府的「次優策略」。更為重要的是，政府所作的這一選擇，對運動的發展及其結果產生了重大的影響。

第五章

社會運動參與者眼前利益和長遠利益的權衡取捨（Tradeoff）：重複性博弈論模型（Repeated Game）的動態特徵（Dynamics）

　　社會運動和政府一起構成了一個新的社會系統，本章將討論這一系統的第三個特徵：在社會運動的發展過程中，運動參與者必須在眼前利益（Short-Term Payoffs）和長遠利益（Long-Term Interests）之間權衡取捨。什麼是運動參與者的眼前利益？他們的長遠利益又是什麼？為什麼運動參與者必須在二者之間權衡取捨（Tradeoff）？

　　本書第三章展示了一個具有不完整信息的博弈論模型（A Game with Incomplete Information）。它表明社會運動參與者在選擇行動策略時並非處於一種與外界隔絕的狀態，因為具有不完整信息的博弈論模型（A Game with Incomplete Information）代表的是一種互動結構（An Institutional Context）。這種互動結構為運動參與者選擇策略設立了種種限制。第四章所展示的是一個「具有雙層結構的博弈論模型（A Two-Level Game）」。它代表政府所處的一種互動結構（An Institutional Context）以及這一結構為政府選擇策略

所設立的種種限制。第三章和第四章分別討論的都是一次性的博弈過程（The Single-Shot Game），即兩名對手之間僅進行一次博弈。第五章和第六章將討論的是兩名對手之間重複進行的博弈（Repeated Games）。

根據定義，如果兩名對手多次重複一次性的博弈過程（Play a Single-Short Game Numerous Times），那麼這種博弈就是重複進行的博弈（Repeated Games）。在第三章，圖3.1中的一次性的博弈過程作為一個理論模型顯示了社會運動發展的四個步驟。第一步，運動參與者必須決定是否發起社會運動。社會運動一旦興起，政府在第二步面臨三種選擇：（1）接受社會運動提出的所有要求，（2）鎮壓社會運動，（3）威脅社會運動。在大多數情況下，政府會選擇首先威脅社會運動，隨後社會運動在第三步必須決定自身策略。如果他們無視政府威脅，繼續遊行示威，政府在最後一步則必須決定是否實施所作出的承諾；例如：使用武力鎮壓社會運動。如果政府放棄使用武力，雙方的博弈又返回到第一步，即社會運動將決定是否採取新的抗議行動等等。1989年，在北京的學生運動中，這個一次性的博弈過程在學生運動參與者和政府之間重複了三次。

第一次是在1989年4月，學生走出校園，開始示威遊行，中國政府明確表態：學生運動是「一場動亂」，政府一定要「堅決，迅速地制止這場動亂」。「動亂」這樣的詞彙出現在官方的報刊社論中，為政府可能實施的武力鎮壓提

供了一定的合法性。但是，學生無視政府威脅，繼續遊行示威，數千名全副武裝的員警，從部署的警戒線上撤退，沿途有超過二十萬的北京市民親眼目睹了員警的撤離。由此完成了「學生運動」和「政府」之間的第一次博弈。

第二次是在1989年5月，部分學生在天安門廣場絕食，抗議政府拒絕接受學生運動提出的各項要求。超過一百萬的學生和北京市民走上街頭，聲援絕食中的學生。5月19日，政府擔心形勢失控，公開申明其使用武力鎮壓學生運動的意願。5月20日清晨，中國政府發佈了對北京的戒嚴令（Martial Law）。與此同時，數千名持槍核彈的士兵以及坦克車都部署在北京市區。但是，5月20日當天，當上百萬學生和市民示威遊行，抗議實施戒嚴令時，政府卻命令軍隊撤退。由此可見，「學生運動」和「政府」重複了他們之間的第一次博弈。

第三次是在1989年6月，學生中進行了一場辯論，有的主張運動到此結束，大家應該返回校園，準備期末考試；也有學生拒絕離開天安門廣場。與此同時，又有少數學生在廣場上開始絕食，其人數要比參加第一次絕食行動的學生少得多。6月3日，政府對此作出了強硬反應，宣稱：「動亂已經發展成反革命暴亂」（1989年6月4日「人民日報」）。天安門廣場的高音喇叭，所有的官方電視臺和廣播電臺，一刻不停地反覆強調，北京正在發生的是「反革命暴亂」，警告學生和市民不要上街，「否則就要自己承擔由此而引起的一切後果」（1989年6月4日「人民日報」）。6月3日晚上，當學

生和市民們又一次無視政府的威脅,繼續聚集在街頭,悲劇發生了,無辜的學生和市民倒在血泊之中。6月4日早上,這個再次重複的博弈過程,在政府使用武力後宣告結束。

綜上所述,1989年的中國學生運動,經歷了上述三個回合,構成了一個重複博弈的過程(Repeated Games)。這裡把學生運動分別在第一和第二回合所獲取的報酬定義為眼前利益(Short-Term Payoffs),而在最後一個回合所獲取的報酬定義為長遠利益(Long-Term Interests)。

由於以下兩個原因,我們必須認真研究上述重複博弈的過程(Repeated Games)。第一,重複博弈的過程包括不同的時間段(Many Time Periods),參與博弈的各方在一個時間段內所選取的策略對其在隨後的時間段內的策略選擇有重要影響。泰勒爾(Tirole)指出:「參與者在時間t所作的選擇,對他在時間t + t'所可能選擇的策略有重要影響。這裡的t' > 0」(1988,第206頁)。更為重要的是,參與者在時間t所獲取的報酬,對他們在時間t + t'所獲取的報酬同樣有重大影響。

第二個原因是,在重複博弈的過程(Repeated Games)中,參與博弈的各方必須關注他在某一個時間段的策略選擇,對他的博弈對手在未來時間段的策略選擇所可能產生的各種影響。例如:1989年,政府對學生運動的最初回應是,「威脅」學生運動,顯示可能用於鎮壓運動的武裝力量;但當學生無視政府威脅,繼續示威活動時,政府決定放棄使用

武力。政府的這一策略對學生運動的發展及其後果產生了重要影響。由於政府在第一個回合放棄使用武力,學生在重複博弈的三個回合中,都選擇了「無視政府威脅,繼續示威活動」的策略。在最後一個回合,中國政府決定使用武力。為了避免流血事件,政府竭盡全力迫使學生改變策略,但事與願違,政府在第一和第二回合所選取的策略對學生造成的影響已經不可逆轉。

社會運動的研究者們一致同意,必須關注社會運動發展的各種動態特徵(The Dynamics of Social Movements),即關注社會運動以及政府方面所選擇的策略有哪些變化。遺憾的是,這些研究者們完全忽略了在社會運動發展過程中,參與者所獲報酬所發生的種種變化,以及這些變化對政府策略選擇的重大影響。

怎樣研究存在於社會運動中的重複博弈過程(Repeated Games)?博弈論為我們提供了一種重要的研究方法,即求解「混合策略納什平衡(The Mixed Strategy Nash Equilibrium)」。在博弈論中,有兩種納什平衡。一種是「單一策略納什平衡」(the Pure Strategy Nash Equilibrium),在這種納什平衡中,參與者選擇相應策略的概率(Probability)為百分之一百。在「混合策略納什平衡」中,參與者以不同的概率選擇不同的策略,例如:選擇某種策略的概率是百分之二十五,而選擇另一種策略的概率是百分之七十五,兩種概率及其策略混合在一起,最終實現納什平衡。

在社會運動的發展過程中,參與者在每一個回合所獲取的報酬也在不斷改變。應用「混合策略納什平衡(the Mixed Strategy Nash Equilibrium)」這一重要技術,可以較為系統性地分析和研究在社會運動發展的過程中,政府是怎樣改變策略選擇,以應對社會運動參與者正在不斷改變的報酬結果。由此,我們可以更為深刻地理解社會運動的發展動態。尤其重要的是,我們可以理解運動參與者的眼前利益是怎樣影響他們的長遠利益的,為什麼在很多情況下,社會運動會捨本求末,為了一些眼前利益,而遭受了長遠利益的重大損失。

在研究存在於社會運動中的重複博弈過程(Repeated Games)時,有許多重要問題(Issues)值得關注。但本章只集中研究兩個問題。它們分別與第三章的命題一(Proposition 1)和第四章的命題二(Proposition 2)相聯繫。

第三章的命題一(Proposition 1)闡明了兩個條件,只要這兩個條件存在,政府對社會運動的任何「威脅與恫嚇」都將無效。第一個條件是,社會運動參與者認為,政府使用武力的概率等於或小於百分之五十。第二個條件是,對於社會運動參與者而言,如果選擇「繼續抵抗」,而政府沒有使用武力,其所獲報酬要勝於「打退堂鼓」的後果。

針對第三章的命題一(Proposition 1),本章提出了一個重要問題,即在重複博弈的過程(Repeated Games)中,這兩個條件是否會發生變化?以第一個條件為例,如果在第一回合,社會運動參與者認為,政府使用武力的概率等於

或小於百分之五十。在第二回合或者第三回合，他們對政府可能使用武力的概率的預測是否會有所改變。如果以第二個條件為例，那麼社會運動參與者的報酬，在重複博弈的過程（Repeated Games）中，是否會有所增減。如果這兩個條件改變了，其改變的原因是什麼？改變的結果又將是怎樣？

　　第四章的命題二（Proposition 2）闡明，政府在「具有雙層結構的博弈論模型（A Two-Level Game）」中的唯一選擇是「次優策略」，即威脅社會運動，顯示武力；如果運動參與者無視威脅，政府放棄使用武力。針對這一命題，本章提出如下問題：在重複博弈的過程（Repeated Games）中，政府在「具有雙層結構的博弈論模型（A Two-Level Game）」中所選擇的「次優策略」是否最終會為「最優策略」所取代？如果答案是肯定的，造成政府改變策略的原因是什麼？

第一節　社會運動參與者在重複博弈過程中改變了他們的信念和判斷：他們認為政府進行武力鎮壓的可能性越來越小

　　在第一回合，政府盡力掩蓋其真實意願，社會運動參與者根據常識與經驗認定，政府動用武力鎮壓學生運動的可能性是百分之五十。在第二和第三回合，運動參與者仍然認為可能遭到武力鎮壓的概率是百分之五十嗎？在重複博弈的過程（Repeated Games）中，社會運動參與者是怎樣修正他們

的相關判斷的?

為了回答以上問題,本章這一節將介紹以貝葉斯原理(Bayes' Rule)為基礎的人的認知形成過程,貝葉斯原理是概率論(Probability Theory)的一個分支。瞭解人的認知是怎樣形成的,可以幫助我們理解,社會運動參與者是怎樣通過觀察政府的言論和行為,推斷政府的意願和動機。在社會運動發展過程中,運動參與者又是怎樣在不斷地修正他們的認定和推斷。

貝葉斯原理(Bayes' Rule)闡釋了三個變數之間(Among Three Variables)的關係。第一個變數是社會運動參與者對政府意向的最初判斷(The Participants' Prior Attitude towards the State's Preferences),這是在政府尚未採取任何行動之前,運動參與者根據經驗對政府意向的判斷。在政府對社會運動進行威脅之後,雖然社會運動參與者完全不瞭解政府的意願和動機,但他們知道政府可能採取兩種完全不同的策略。一種是溫和派(Humane)的策略,即當社會運動無視政府威脅,繼續示威活動後,政府會放棄使用武力。溫和派政府關注自身行為的合法性(Legitimacy),為此不惜失去某些權力(Power)。另一種是強硬派(Tough)的策略,即政府將動用武力,鎮壓社會運動。強硬派政府認為防止大權旁落比關注政府行為是否合法更為重要。社會運動參與者所面對的,究竟是溫和派還是強硬派?這裡不妨假設他們面對的是溫和派政府,那麼這一假設是否成立?事實上,每一位運動參與者都有著自己對政府意向的一種判斷,大多數人認為,

政府是溫和派的可能性是百分之五十。這便是運動參與者的最初判斷（The Participants' Prior Attitude towards the State's Preferences）。

第二個變數是社會運動發展過程中出現的新的信息（New Information）。如前所述，1989年北京的學生運動，是一個重複博弈的過程（Repeated Games）；即包括了四個步驟的一次性博弈過程被重複了三次（Play a Single-Short Game Three Times）。每重複一次，社會運動參與者便獲得一次觀察政府言論和行為的機會，從而得到新的信息（New Information）。這些信息可以幫助社會運動參與者更為準確地判斷政府的意願和動機。

第三個變數是運動參與者對政府意願的重新判斷（The Participants' Posterior Beliefs about the State's Preferences）。每當社會運動參與者在重複博弈的過程（Repeated Games）中得到新的信息，他們便利用新的信息對自己的最初判斷進行修正，從而得到對政府意願的新的更為準確的判斷。由於包括了四個步驟的一次性的博弈過程被重複了三次，我們可以把每一次重複看作一個回合。那麼，社會運動參與者在第一回合結束時對政府意願的重新判斷，便成為他們在第二回合開始時的最初判斷；同樣道理，他們在第二回合結束時對政府意願的重新判斷，便成為他們在第三回合開始時的最初判斷。在每一個回合，社會運動參與者的最初判斷以及他們在這一回合所獲得的新的信息，作為兩個引數，決定了運動參與者在這一回合結束時對政府意願的重新判斷。

社會運動參與者的最初判斷（Prior Beliefs）和他們獲取的新的信息（New Information）是怎樣影響他們的重新判斷（Posterior Beliefs）的？當運動參與者根據新的信息修正他們對於政府意願的最初判斷時，會得出什麼樣的結果？貝葉斯原理為我們提供了解決這些問題的答案。根據貝葉斯原理：

$$P(H|D) = \frac{P(D|H)P(H)}{P(D|H)P(H) + P(D|-H)P(-H)} \quad <5>$$

公式<5>裡的 $P(H)$ 和 $P(-H)$ 代表第一個變數：運動參與者的最初判斷（Prior Beliefs）。$P(H)$ 代表溫和派政府的假設確實成立的概率（Probability）。$P(-H)$ 代表溫和派政府的假設不能成立，即強硬派政府確實存在的概率。$P(H) + P(-H) = 1$。

$P(D|H)$ 和 $P(D|-H)$ 代表第二個變數：運動參與者在每一個回合得到的新的信息（New Information）。$P(D|H)$ 表示當溫和派政府的假設確實成立時，運動參與者獲得新信息的概率，$P(D|-H)$ 表示當溫和派的假設不能成立時，運動參與者獲得新信息的概率。

$P(H|D)$ 代表第三個變數：社會運動參與者的重新判斷（Posterior Beliefs）。$P(H|D)$ 代表根據在每一個回合得到的新的信息D，H能夠成立的概率；H在這裡代表溫和派政府確實存在的假設。

如果在第三章圖3.5中的博弈論模型中應用貝葉斯原理，可知詳情如下：

- $P(H)$ = 政府由溫和派主導的概率（Probability）
- $P(-H)$ = 政府由強硬派主導的概率
- $P(D|H)$ = 當政府由溫和派主導的假設確實成立時，運動參與者獲得新的信息的概率
- $P(D|-H)$ = 當政府由溫和派主導的假設不能成立時，運動參與者獲得新的信息的概率
- $P(H|D)$ = 根據新的信息，政府由溫和派主導的概率

$P(D|-H)$ 是否確實存在？在理論上，由強硬派主導的政府一定會動用武力，鎮壓學生運動。為什麼運動參與者在現實中卻看到某些強硬派政府並沒有實施武力鎮壓？根據第四章提出的命題二，在「厚此薄彼型的具有雙層結構的博弈論模型」中，無論是溫和派政府，還是強硬派政府，都只能選擇「次優策略」。其結果，只要政府身處「厚此薄彼型的具有雙層結構的博弈論模型」之中，則難以選取以下兩種「最優策略」中的任何一種：（1）威脅學生運動，顯示武力，如果學生繼續抗議，實施武力鎮壓；（2）學生運動興起後，便立即退讓求和（第四章已經解釋了為什麼這兩種策略是政府的「最優策略」）。正因為如此，在現實中，無論是溫和派政府，還是強硬派政府，它們唯一的選擇是威脅學生運動，顯示武力，但放棄使用武力。

貝葉斯原理為我們提供了公式<5>（見上），表明運動參與者的重新判斷（Posterior Beliefs）取決於他們的最初判斷（Prior Beliefs）以及他們所得到的新的信息（New Information）。然而，公式<5>並沒有清晰地展現因變數（The Dependent Variable）和引數（The Independent Variable）之間的關係。因此有必要對公式<5>作如下改變：

$$\because P(-H|D) = 1 - P(H|D)$$

$$\because P(H|D) = \frac{P(D|H)P(H)}{P(D|H)P(H) + P(D|-H)P(-H)}$$

$$\therefore P(-H|D) = \frac{P(D|-H)P(-H)}{P(D|H)P(H) + P(D|-H)P(-H)} \quad <6>$$

$$\therefore \frac{P(H|D)}{P(-H|D)} = \frac{P(H)}{P(-H)} \times \frac{P(D|H)}{P(D|-H)} \quad <7>$$

在等式<7>的左側，$\frac{P(H|D)}{P(-H|D)}$ 表示社會運動參與者對政府意願重新判斷的優勢比（The Posterior Odds）。優勢比表明根據新的信息，溫和派政府的假設能夠成立的概率，與這一假設無法成立的概率之比。如果社會運動參與者的重新判斷的優勢比（The Posterior Odds）增加，那麼溫和派政府的假設能夠成立的概率也一定會增加；這意味著運動參與者認為他們面對溫和派政府的機會正在顯著提高。如果這一優勢比（The Posterior Odds）減少，運動參與者便認為他們面對強硬派政府的機會有所提高。

在等式＜7＞的右側，$\frac{P(H)}{P(-H)}$表示運動參與者對政府意願最初判斷的優勢比（The Prior Odds），$\frac{P(D|H)}{P(D|-H)}$代表似然比（The Likelihood Ratio）。似然比（The Likelihood Ratio）告訴我們，在溫和派政府的假設能夠成立的前提下，運動參與者觀察到政府放棄使用武力的概率，與這一假設無法成立時，仍然觀察到政府放棄使用武力的概率之比。似然比（The Likelihood Ratio）的數值越大，溫和派政府的假設能夠成立的可能性便越大。

與公式＜5＞相比較，等式＜7＞更為清晰地展示了因變數（運動參與者對政府意願重新判斷的優勢比）和引數（運動參與者對政府意願最初判斷的優勢比以及似然比）之間的關係。根據等式＜7＞，運動參與者對政府意願的重新判斷是運動參與者對政府意願的最初判斷與似然比二者相乘的結果。

在重複博弈的過程（Repeated Games）中，運動參與者根據在每一回合所得到的新的信息不斷修正他們對政府意願的最初判斷，他們修正的結果是什麼？從表5.1中可以看到，有三種可能的修正結果。

表5.1　社會運動參與者修正他們最初判斷的三種可能的結果

第一個引數：最初判斷 （Prior Odds）	第二個引數：似然比 （Likelihood Ratio）	因變數：重新判斷 （Posterior Odds）
根據最初判斷的優勢比 [Given P(H)/ P(-H)]	如果大多數新的信息證明政府是溫和派 [P(D｜H)> P(D｜-H)]	其結果，重新判斷 > 最初判斷 Posterior Odds > Prior Odds
根據最初判斷的優勢比 [Given P(H)/ P(-H)]	如果50%的新信息證明政府是溫和派，另外50%的新信息是以政府不是溫和派的假設為前提 [P(D｜H)= P(D｜-H)]	其結果，重新判斷 = 最初判斷 Posterior Odds = Prior Odds
根據最初判斷的優勢比 [Given P(H)/ P(-H)]	如果大多數新的信息證明政府不是溫和派 [P(D｜H)< P(D｜-H)]	其結果，重新判斷 < 最初判斷 Posterior Odds < Prior Odds

從表5.1中可見，在政府是溫和派的假設能夠成立的前提下，運動參與者觀察到政府放棄使用武力的概率，大於這一假設無法成立時，觀察到政府放棄使用武力的概率，即 $P(D|H) > P(D|-H)$，那麼對政府意願重新判斷的優勢比將大於對政府意願最初判斷的優勢比。如果在溫和派政府的假設能夠成立的前提下，運動參與者觀察到政府放棄使用武力的概率，等於這一假設無法成立時，觀察到政府放棄使用武力的概率，即 $P(D|H) = P(D|-H)$，那麼對政府意願重新判斷的優勢比將等於對政府意願最初判斷的優勢比。如果在溫和派政府的假設能夠成立的前提下，運動參與者觀察到政府放棄使用武力的概率，小於這一假設無法成立時，觀察到

政府放棄使用武力的概率，即 $P(D|H) < P(D|-H)$，那麼對政府意願重新判斷的優勢比將小於對政府意願最初判斷的優勢比。

雖然貝葉斯原理表明，對政府意願的重新判斷取決於以下兩個因素：對政府意願的最初判斷和新的資訊；表5.1已經證明，事實上，只有一個因素影響著對政府意願的重新判斷，那就是新的信息。在重複博弈過程（Repeated Games）的第一回合和第二回合，運動參與者獲得了什麼樣的新信息？根據第四章的命題二，政府唯一可選擇的策略是，威脅社會運動，顯示武力，當運動參與者繼續其行動，政府放棄使用武力。這便是運動參與者在第一回合和第二回合得到的新的信息。

根據這些新信息，應當怎樣評估$P(D|H)$和$P(D|-H)$？這裡必須說明，運動參與者觀察到的所有的信息都是政府放棄了武力鎮壓。根據常識，$P(D|H)$必然大於$P(D|-H)$。因為根據政府為溫和派主導的假設，政府放棄武力鎮壓的概率比較大；而根據政府為強硬派主導的假設，政府放棄武力鎮壓的概率比較小。其結果，在第一回合和第二回合不僅$P(D|H) > P(D|-H)$，而且似然比都大於1。

表5.2 表明當社會運動參與者對政府意願最初判斷的優勢比（The Prior Odds）和似然比（The Likelihood Ratio）改變後，運動參與者對政府意願的重新判斷優勢比（The Posterior Odds）將怎樣改變。

表5.2 運動參與者對政府意願的重新判斷優勢比（The Posterior Odds）逐漸增加

重複博弈 （Repeated Game）	最初判斷優勢比 （Prior Odds）	似然比 （Likelihood Ratio）	重新判斷優勢比 （Posterior Odds）
第一回合	最初判斷優勢比 = 50/50 = 1	似然比 > 1	重新判斷優勢比 > 最初判斷優勢比
第二回合	最初判斷優勢比 > 1	似然比 > 1	重新判斷優勢比 > 最初判斷優勢比

　　如上所述，當重新判斷的優勢比數值增大，運動參與者認定政府是溫和派主導的可能性便隨之增大。在重複博弈過程（Repeated Games）的第一回合，運動參與者認為，政府由溫和派主導這一假設成立的可能性是百分之五十。在第二回合，因為最初判斷優勢比 >1，他們則認為，溫和派政府這一假設成立的可能性肯定大於百分之五十。在第二回合，因為重新判斷優勢比 > 最初判斷優勢比，社會運動參與者則認為，溫和派政府這一假設成立的可能性將進一步增加。其結果，1989年6月，在北京學生運動發展的最後階段，甚至當政府的武力鎮壓已經開始，在所有的運動參與者之間，幾乎沒有任何人認為政府會動用武力鎮壓社會運動，沒有任何人認為自己會因為參與社會運動而面臨任何危險。這便是重複博弈過程（Repeated Games）所顯示的第一個動態特徵。

第二節　社會運動參與者的報酬X3，在重複博弈過程中不斷增加

第三章的命題一（Proposition 1）闡明了兩個條件，只要這兩個條件存在，政府對社會運動的任何「威脅與恫嚇」都將無濟於事。第一個條件是，運動參與者認為，政府使用武力的概率等於或小於百分之五十。第二個條件是，對於運動參與者而言，如果選擇「繼續抵抗」，而政府沒有使用武力，參與者所獲報酬要勝於「打退堂鼓」的後果。

上一節討論了在重複博弈過程（Repeated Games）中，第一個條件是怎樣伴隨著博弈過程的重複而不斷發生變化，即社會運動參與者認為，政府在第一回合動用武力的可能性為百分之五十，在第二回合則小於百分之五十，在第三回合這種可能性會變得更小。

本節將關注第二個條件：在重複博弈過程（Repeated Games）中，社會運動參與者如果持續選擇「繼續抵抗」，而政府一而再再而三地放棄使用武力，運動參與者所獲取的報酬是否會有所變化？這種報酬是否一直勝於他們選取「打退堂鼓」的後果？為了回答這個問題，我們將分別研究以下兩種報酬：（1）運動參與者持續選擇「繼續抵抗」，政府放棄使用武力，運動參與者所獲報酬會怎樣變化；（2）運動參與者選擇「打退堂鼓」後所獲報酬是否會發生變化。

當社會運動參與者選擇「繼續抵抗」，而政府放棄使用武力時，運動參與者的報酬是X3。根據表3.3，X3 = G + H。這裡的G代表社會運動取得的實質性勝利，例如：人權現狀的改善以及非官方群眾組織的合法化等等，G > 0。H代表讚美和榮譽，參與者面對全副武裝的員警和士兵毫不懼怕，獲得圍觀群眾的讚美和稱頌；G > H。簡而言之，當政府放棄使用武力時，社會運動參與者繼續抵抗的報酬始終由兩部分組成，即X3 = G + H。

有兩種方法可以檢驗X3在重複博弈過程（Repeated Games）中的變化。一種是檢驗平均水準，即檢驗每一個運動參與者所獲得的報酬是否有所變化。另一種方法則是把社會運動參與者視為一個整體，檢驗在總體水準上運動參與者所獲得的報酬。這兩種方法在本質上沒有任何差別。根據本書第一章的重要假設之一，可以將所有的運動參與者合為一體，視其為一個單一的行動者。所以，在這裡人均所得報酬和總體所得報酬一樣，它們即使在數量上也沒有任何差別。

研究X3是否發生變化的背景條件是重複博弈過程（Repeated Games），即兩名對手多次重複一次性的博弈過程（Play a Single-Short Game Numerous Times）。社會運動興起，政府發出嚴正威脅，運動參與者繼續抵抗，政府放棄使用武力；這是第一回合。在第二回合，運動參與者採取新的行動，政府再次威脅，運動參與者仍然繼續抵抗，政府再次放棄使用武力；等等。假定這種一次性的博弈過程重複進行了n次（Play a Single-Short Game n Times）（n = 1，2，

3……）。運動參與者在第一回合所獲報酬是$X3_1$（$X3_1 = G_1 + H_1$）；在第二回合所獲報酬是$X3_2$（$X3_2 = G_2 + H_2$）；在第n次回合，他們的報酬是$X3_n$（$X3_n = G_n + H_n$）。為了理解X3在重複博弈過程（Repeated Games）中是怎樣改變的，這裡有必要分別比較G_n和G_{n+1}以及H_n和H_{n+1}。

G_{n+1}總是大於G_n嗎？社會運動參與者在第n+1個回合所獲得的實質性報酬總是大於他們在第n個回合所獲得的相應報酬嗎？對此，答案是肯定的，因為有兩個證據支持這一答案。證據之一與最初參與者（The Movement' Original Participants）所獲得的實質性勝利有關，證據之二則是後續參與者（The New Participants）所獲得的報酬。

第一個證據，在重複博弈過程（Repeated Games）中，運動最初參與者所獲得的報酬不斷增加。社會運動的重要起因是參與者要求改變現存的權力關係以及權利分配（To Change the Allocations of Power and Rights in a Social System）。就本質而言，社會運動發展的過程就是權力以及權利在政府和社會運動之間重新分配的過程。運動最初參與者所獲得的報酬不斷增加，是這種權力和權利重新分配的直接結果。

當政府第一次違背其承諾，放棄使用武力時，它便開始喪失某些權力。政府喪失的權力越多，運動參與者獲得的權利便越多。1989年，當中國政府在第一回合選擇了「打退堂鼓」之後，便處於非常被動的地位，政府不得不與非官方的學生組織（Unofficial Student Organizations）對話及談判。這是中國共產黨自1949年掌權以後第一次與一個非政

府組織，平起平坐地進行對話和談判。這在事實上表明，自1949年以來，學生們第一次贏得了建立自己組織的權利；而在此之前，籌建任何非政府組織都被視為非法活動（Illegal Activity）。

在第二回合，政府採用更為嚴厲的方式威脅社會運動，其目的是迫使社會運動參與者放棄他們在第一回合贏得的權利，重新收回政府失去的權力。與此同時，運動參與者不但拒絕放棄他們已經贏得的權利，而且要求獲得更多的政治權利。如果政府在第二回合繼續放棄使用武力，它便進一步喪失權力，而運動參與者將獲得更多的政治權利。正因為如此，在重複博弈過程（Repeated Games）中，運動最初參與者所獲得的報酬不斷增加。

1989年，中國政府對學生運動的第二次嚴重威脅是頒佈軍事戒嚴令，這比第一次威脅要嚴重得多。但學生們沒有退縮，他們與其他社會運動參與者一起，挑戰政府行為的合法性。在這一回合，政府又一次選擇「打退堂鼓」，放棄了實施戒嚴令。學生們所得報酬顯著提高，因為他們用贏得的自身權利宣告了政府權威的無效。在第二回合的示威遊行中，學生們第一次公開地批判某些處於最高層的領導人，甚至要求他們辭職。這在中國共產黨控制下的中國是前所未有的，這是在社會運動中，權力與權利在政府和學生之間重新分配的結果。

第二個證據，後續的運動參與者在重複博弈過程（Repeated Games）中，通過加入他們的新的所得報酬，使

得G不斷增值。政府在第一回合放棄使用武力,這無疑成為了促進社會運動進一步發展壯大的「動員令」;更多群眾投入到社會運動之中。他們之中的一些人期望以自身的參與表達對民主運動的支持,但更多的人意識到通過參與民主運動,得以獲取政治權利的必要性和重要性。

1989年4月,百分之九十五的北京民主運動的參與者是在校大學生。1989年5月,知識界人士（Intellectuals）和工廠工人（Factory Workers）也相繼投身於民主運動之中;隨後,北京市民（Beijing Dwellers）也參加了進來。政府在第二回合退縮之後,G_2代表運動參與者的所得報酬顯著增加。例如:不但非官方的學生組織獲得了合法存在的權利,非官方的知識份子組織,工人組織和其他市民組織都獲得了合法權利（Legal Rights）。這些都是權力與權利重新分配的新的結果。

綜上所述,以上兩方面的證據清楚地表明,在重複博弈過程（Repeated Games）中,G_{n+1}始終大於G_n。

H_{n+1}是否總是大於H_n?H是圍觀群眾對運動參與者的讚揚和稱頌。在重複博弈過程（Repeated Games）中,與第n個回合相比,圍觀群眾是否在第（n + 1）個回合給予社會運動參與者更多的讚揚和稱頌?答案是未必如此。在重複博弈過程（Repeated Games）中,一般來說,H_n和H_{n+1}之間沒有顯著差別。在重複博弈過程（Repeated Games）中,社會運動參與者無視政府的威脅,冒著有可能遭到武力鎮壓的風險,繼續抗議活動。如果遭受武力鎮壓的風險不斷增加,圍

觀群眾給予社會運動參與者的讚揚和稱頌也應該隨之增加。

這裡的風險程度由兩個因素決定。第一個因素是一旦政府使用武力，運動參與者所可能遭受的損失。如果可能遭受的損失越大，那麼風險越大。第二個因素是政府實施暴力鎮壓的可能性。雖然政府盡力掩蓋它的真實意圖，但如前所述，社會運動參與者和圍觀群眾對這種可能性有自己的認定和判斷。如果他們認為這一可能性逐漸增加，風險程度就會隨之增加。

在上一節，我們已經證明，在重複博弈過程（Repeated Games）中，運動參與者和圍觀群眾認定，政府使用武力鎮壓社會運動的可能性在逐漸減少，因此，運動參與者所承擔的風險也隨之減少。但是事實上，這種風險並沒有減少，因為運動參與者所可能遭受的損失正在逐漸增加。在重複博弈過程（Repeated Games）中，政府在每一回合對社會運動所作的威脅，其嚴重程度步步升級。政府企圖以此恫嚇社會運動參與者，迫使他們打退堂鼓。當政府在第一回合作出的威脅失效之後，它必然在第二回合作出更為嚴厲的威脅。由此，威脅的嚴厲程度逐漸升級，社會運動參與者所可能遭受的損失必然逐漸增加。

綜上所述，H_n和H_{n+1}之間並不存在顯著差別。因為H取決於運動參與者可能遭到鎮壓的風險，而風險程度由運動參與者所可能遭受的損失以及政府實施暴力鎮壓的可能性，這兩個因素共同決定。在重複博弈過程（Repeated Games）中，運動參與者所可能遭受的損失逐漸增加，但是，政府實

施暴力鎮壓的可能性逐漸變小。在某種意義上，這兩個因素對H的影響可以相互抵消。詳見表5.3。

表5.3 社會運動參與者在重複博弈過程（Repeated Games）中所獲得的報酬H（讚美和榮譽）基本不變

重複博弈過程（Repeated Game）	運動參與者所可能遭受的損失逐漸增加（Cost）	運動參與者認為，政府動用武力的可能性逐漸減少（Probability to Use Force According to Beliefs）	運動參與者的報酬H（讚美和榮譽）
第n個回合	↗	↘	$H_n \approx H_{n-1}$
第（n+1）個回合	↗	↘	$H_{n+1} \approx H_n$
第（n+2）個回合	↗	↘	$H_{n+2} \approx H_{n+1}$

通過分別比較G_n和G_{n+1}以及H_n和H_{n+1}，我們的結論是，在重複博弈過程（Repeated Games）中，X3作為運動參與者選擇「持續抵抗」，同時又沒有遭到鎮壓後所獲得的報酬逐漸增加。詳見如下公式：

$$\because X3 = G + H, G_{n+1} > G_n, and\ H_{n+1} \approx H_n$$
$$\therefore X3_{n+1} > X3_n \qquad <8>$$

由此可知，重複博弈過程（Repeated Games）所顯示的第二個動態特徵是運動參與者無視政府威脅，繼續抵抗，但沒有遭到鎮壓後的所得報酬逐漸增加。

第三節　社會運動參與者的報酬X2，在重複博弈過程中保持不變

政府威脅社會運動並且顯示武力後，如果運動參與者畏縮不前，他們的報酬是X2。根據表3.3，X2 = -L。面對威脅，社會運動參與者屈服於政府壓力，圍觀群眾會指責他們庸懦無能，致使他們名聲敗壞，所以 -L < 0。在重複博弈過程（Repeated Games）中，X2是否會發生任何變化？為了回答這個問題，我們需要比較 -Ln和 -Ln+1。假設運動參與者在第n個回合選擇「打退堂鼓」，其報酬是 -Ln。假設社會運動在第n+1個回合，屈服於政府的威脅而退縮不前，他們的報酬是 -Ln+1。-Ln和 -Ln+1是否相等？

在重複博弈過程（Repeated Games）中，-L取決於兩個因素。第一個因素是政府威脅社會運動的嚴厲程度。如果政府的威脅十分嚴厲，運動參與者退縮不前，圍觀群眾對他們的指責便有所緩和並對他們的選擇表示理解，因為沒有圍觀群眾願意看到任何社會運動參與者遭受人身傷害。由於政府急於以威脅手段，逼迫社會運動參與者就範，在第n+1個回合，政府對社會運動的威脅通常比它在第n個回合作出的威脅更為嚴重。其結果，運動參與者即使選擇退縮，他們遭到的指責也會減少，所以報酬X2反而增加，即 -Ln < -Ln+1。

影響 -L的第二個因素，是圍觀群眾對政府實施武力鎮壓的可能性作出的認定和判斷。如果他們認為這種可能性逐

漸減少,可是運動參與者卻選擇「退縮不前」,他們便會嚴厲批判社會運動參與者。本章第一節已經證明,在重複博弈過程(Repeated Games)中,,所有人都認為政府動用武力的可能性逐漸減少。其結果,運動參與者一旦選擇「退縮不前」,他們就會遭到嚴重的指責,他們的報酬X2便會減少,即 -Ln > -Ln+1。

綜上所述,-Ln 和 -Ln+1 之間並沒有顯著的差別。在重複博弈過程(Repeated Games)中,決定 -L 的兩個因素,即政府威脅的嚴重程度以及政府進行武力鎮壓的可能性,都在不斷變化。在某種程度上,它們對 -L 的影響可以相互抵消。詳見表5.4。

表5.4 社會運動參與者在重複博弈過程(Repeated Games)中所獲得的報酬X2基本不變

重複博弈過程(Repeated Game)	政府對社會運動的威脅:嚴重程度逐漸增加(Degree of Seriousness of the State-Issued Threats)	政府動用武力的可能性逐漸減少(Probability to Use Force According to Beliefs)	運動參與者的報酬X2 =(-L < 0)(General Loss)
第n個回合	↗	↘	$-L_n \approx -L_{n-1}$
第(n+1)個回合	↗	↘	$-L_{n+1} \approx -L_n$
第(n+2)個回合	↗	↘	$-L_{n+2} \approx -L_{n+1}$

由此可知，重複博弈過程（Repeated Games）所顯示的第三個動態特徵是，面對政府的威脅以及顯示武力，社會運動參與者在每一個回合選擇「退縮不前」的報酬基本保持不變。

第四節　政府選擇次優策略（The Sub-Optimal Strategy）的可能性逐漸減少

根據本書第三章中的第一個命題（Proposition 1），在一次性的博弈過程（The Single-Shot Game）中，只要存在兩個條件，運動參與者就會無視政府對社會運動的威脅。本章以上三節解釋了為什麼在重複博弈過程（Repeated Games）中，政府的所有威脅也都是徒勞無功。因為在重複博弈過程（Repeated Games）中，這兩個條件始終存在：（1）社會運動參與者始終認為政府動用武力，鎮壓社會運動的可能性等於或小於百分之五十；（2）社會運動參與者抵抗政府威脅，但沒有遭到鎮壓所獲得的報酬$X3$，始終大於他們選擇「打退堂鼓」後，所獲得的報酬$X2$。

表5.5描述了在重複博弈過程（Repeated Games）中，社會運動參與者對政府意圖的認定和判斷以及他們所獲取的相應報酬是怎樣變化的。

表5.5 社會運動參與者在重複博弈過程（Repeated Games）中如何改變「對政府意圖的認定」和自己的相應「報酬」

重複博弈過程（Repeated Game）	運動參與者認為政府動用武力的可能性越來越小（The Participants' Beliefs that the State Will Use Force）	運動參與者的報酬X3逐漸增加（The Participants' Payoff, X3）	運動參與者的報酬X2保持不變（The Participants' Payoff, X2）
第n個回合	↘	↗	保持不變（Constant）
第（n+1）個回合	↘	↗	保持不變（Constant）
第（n+2）個回合	↘	↗	保持不變（Constant）

到目前為止，本章有關「重複博弈過程（Repeated Games）」具有哪些動態特徵的討論都集中於社會運動一方，有關政府一方的動態特徵有哪些？

根據本書第四章中的第二個命題（Proposition 2），政府在「厚此薄彼型的具有雙層結構的博弈論模型」中，唯一的選擇是「次優策略」─「威脅社會運動，顯示武力，最終放棄使用武力」。需要指出的是，這裡的「具有雙層結構的博弈論模型（A Two-Level Game）」是一次性的博弈過程（The Single-Shot Game）。在重複博弈過程（Repeated Games）中，政府是否會改變策略，以「最優

策略（Optimal Strategies）」取代「次優策略（Sub-Optimal Strategies）」？如果政府可能改變策略，它將怎樣改變？為什麼改變？在什麼時間改變？

在1989年的學生運動中，在重複博弈過程（Repeated Games）中的最後一個回合，中國政府決定改變策略，即以「最優策略」取代「次優策略」，即選擇「威脅學生運動並實施武力鎮壓」。為什麼中國政府突然決定改變策略？政府改變策略的主要原因是什麼？是否與社會運動參與者所得報酬的改變有直接關係？

如果政府以「最優策略」代替「次優策略」，這表明「重複博弈過程（Repeated Games）」除了以上討論的三個重要動態特徵之外，還有第四個動態特徵，即政府選擇「次優策略」的可能性越來越小。是什麼因素在影響這種可能性？這種可能性的改變是否與社會運動參與者正在改變的所得報酬有直接關係？

為了解答這些問題，我們將應用博弈論提供的一種新的重要技術－「混合策略納什平衡（The Mixed Strategy Nash Equilibrium）」。在任何博弈過程中，如果任意一方盡力猜測另一方的策略，例如：當政府「威脅」學生運動後，學生們都在盡力猜測政府是否真的會「武力鎮壓」學生運動。這樣的博弈過程通常便沒有「單一策略納什平衡（The Pure Strategy Nash Equilibrium）」。這是因為如果給定任何一組單一策略（Given any Combination of Pure Strategies），其中一方通過改變策略（Change to the Other Strategy），肯定能

夠獲得更高的報酬（Better Off）。所以，這類博弈過程中的納什平衡（Nash Equilibrium），只能是「混合策略納什平衡（The Mixed Strategy Nash Equilibrium）」。

1989年，當政府威脅學生運動，並且部署了相應的武力之後，學生和政府各有兩種選擇。學生的選擇是，「無視政府威脅」，或者「打退堂鼓」。政府則需要在「次優策略」（放棄使用武力）和「最優策略」（動用武力鎮壓學生）之間進行選擇。在這個博弈過程中，所有的學生運動參與者都想知道政府是否會真的動用武力，而政府則想知道學生們是否會繼續他們的抗議行動。

圖5.1用一個靜態模型（A Static Game）模擬了上述雙方急於瞭解對方策略的博弈過程。在這一靜態模型中，可以應用「混合策略納什平衡（The Mixed Strategy Nash Equilibrium）」的技術，幫助我們解答以上提出的問題。

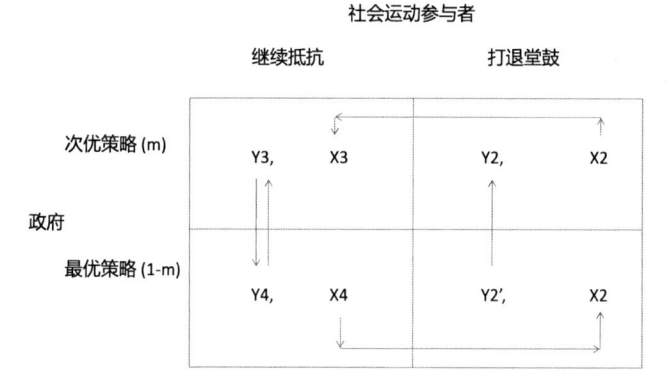

社会运动参与者

	继续抵抗	打退堂鼓
次优策略 (m)	Y3, X3	Y2, X2
最优策略 (1-m)	Y4, X4	Y2', X2

政府

圖5.1　一個靜態博弈模型：混和策略納什平衡
（A Static Game without a Pure Nash Equilibrium）

使用「混合策略納什平衡（The Mixed Strategy Nash Equilibrium）」的技術，研究「重複博弈過程（Repeated Games）」所具有的第四個動態特徵，即研究政府是怎樣改變策略的，有兩個優勢。第一，「混合策略納什平衡」可以將以下兩個重要的變數聯繫在一起：（1）政府選擇「次優策略」的概率；（2）社會運動參與者所得報酬。因此，可以研究當社會運動參與者的報酬逐漸改變時，為什麼政府選擇「次優策略」的可能性會逐漸減少。第二，「混合策略納什平衡」可以提供新的信息。當社會運動參與者的報酬逐漸改變時，可以根據這些新的信息預測政府對此可能作出的各種不同反應。

圖5.1中的Y2，X2，Y3，X3，Y4和X4代表博弈雙方的報酬結果，它們的定義與第三章圖3.3中的Y2，X2，Y3，X3，Y4和X4完全一樣。圖5.1中出現的Y2'，代表了當參與者選擇「退縮不前」，而政府同時選擇「動用武力」時，政府的所得報酬。在圖5.1中，政府究竟選擇「次優策略」還是選擇「最優策略」？這是政府的私密信息，根據第四章的討論，政府需要盡力掩飾自己的真實意圖和動機。社會運動參與者無法確定政府的策略，他們則根據常識提出假設，即政府選擇「次優策略」（威脅社會運動，但放棄使用武力）的概率是m，選擇「最優策略」（威脅社會運動，實施武力鎮壓）的概率是 $1-m$。

社會運動參與者在圖5.1的策略選擇是公開信息，即U（X3）＞U（X2）＞U（X4）。儘管政府的意願和動機是私

密信息,但以下的信息卻是公開的,即強硬派政府的策略選擇是U(Y2)＞U(Y2')＞U(Y4)＞U(Y3),溫和派政府的策略選擇是U(Y2)＞U(Y2')＞U(Y3)＞U(Y4)(詳見第三章對有關政府上述策略選擇的說明)。

1989年,中國政府是強硬派主持,還是溫和派主持?學生和其他所有的學生運動參與者都心存疑慮。所以在這一靜態模型(A Static Game)中,不存在單一策略納什平衡(The Pure Strategy Nash Equilibrium),但是有一個混合策略納什平衡(The Mixed Strategy Nash Equilibrium)(詳見附錄[Appendix]:怎樣求解混合策略納什平衡)。根據這一混合策略納什平衡(The Mixed Strategy Nash Equilibrium),

$$m = \frac{X2 - X4}{X3 - X4} \quad <9>$$

$$1 - m = \frac{X3 - X2}{X3 - X4} \quad <10>$$

根據混合策略納什平衡,m是政府選擇「次優策略」的概率,($1-m$)是政府選擇「最優策略」的概率。政府究竟選擇哪種策略,即m和($1-m$)的大小,是由參與者在社會運動中所獲報酬的多少來決定的。根據等式(9),m作為政府選擇「次優策略」的概率,取決於三個變數(X2,X3和X4)。這三個變數都是參與者在社會運動中所獲報酬。採用比較靜態分析的方法(A Comparative Static

Approach），可以觀察X2，X3和X4的變化，即參與者在社會運動中所獲報酬的改變，是怎樣影響m的大小，即怎樣影響政府選擇「次優策略」的概率的：

$$\because m = \frac{X2 - X4}{X3 - X4}$$

$$\therefore \frac{\partial m}{\partial X2} > 0, \ \frac{\partial m}{\partial X3} < 0, \ \frac{\partial m}{\partial X4} < 0 \qquad <11>$$

比較靜態分析的結果詳見表5.6。

表5.6 比較靜態分析的（A Comparative Static Approach）結果

三個引數 （Independent Variables）	一個因變數 （Dependent Variable）
X2 ↘	m ↘
X3 ↗	m ↘
X4 ↗	m ↘

如前所述「重複博弈過程（Repeated Games）」的第二個動態特徵是，參與者在社會運動中所獲報酬X3逐漸增加。從表5.6可知，m將隨著X3的不斷增加而逐漸減少。「重複博弈過程（Repeated Games）」的第三個動態特徵是，參與者在社會運動中所獲報酬X2保持不變。從表5.6可知，m將隨著X2的不斷減少而逐漸變小。如果X2保持不

變,則X2對m沒有任何影響。

X4是運動參與者無視政府威脅並遭到武力鎮壓後的報酬。從表3.3得知,X4代表損失巨大,X4 = -D + H。其中-D表示運動參與者的傷亡, -D < 1。H表示運動參與者因為一往無前地蔑視政府威脅而得到的讚美和榮譽。本章第二節已經證明,在重複博弈過程(Repeated Games)中,H基本保持不變。所以,X4的變化只取決於 -D。

在重複博弈過程(Repeated Games)中,政府對社會運動的「威脅」逐步升級,每升級一次,運動參與者中可能的傷亡程度就會更加嚴重,損失也會越來越大。與此同時,-D的變化趨勢是逐漸縮小,例如:假定 -10代表10名運動參與者在政府的武力鎮壓中不幸犧牲,-20代表20名參與者犧牲。-D由 -10變為 -20,-20 < -10,所以 -D的變化趨勢是逐漸縮小,X4也隨之減少。這表示政府的威脅程度越嚴重,運動參與者所可能遭受的損失便越嚴重。根據表5.6,m將隨著X4的不斷增加而逐漸縮小。但事實上,X4在逐漸變小,所以m將逐漸增加。

當社會運動參與者所獲取的報酬X3不斷增加,m將隨著X3的不斷增加而逐漸減少;與此同時,社會運動參與者所獲取的報酬X4不斷減少,m將隨著X4的不斷減少而逐漸增加;那麼m最終是處於增加趨勢還是處於減少趨勢?為了準確地回答這一問題,我們需要比較X3和X4這兩個引數,看看哪一個對m的影響更大。

$$\because m = \frac{X2 - X4}{X3 - X4}$$

$$\therefore \frac{\partial^2 m}{\partial X3^2} > 0, \ \frac{\partial^2 m}{\partial X4^2} < 0 \quad <12>$$

等式（12）表明，X3的增加使m以逐漸增加的速度呈下降趨勢（Decrease at the Increase Rate），X4的減少使m以逐漸減少的速度呈上升狀態（Increase at the Decrease Rate）。因此可知，X3對m的影響超過X4對m的影響。（詳見表5.7）

表5.7　政府選擇「威脅社會運動＋使用武力鎮壓」的概率（Probability）逐漸增加

重複博弈過程（Repeated Game）	社會運動的報酬X3：無視政府威脅，政府放棄使用武力	社會運動的報酬X4：無視政府威脅，政府動用武力鎮壓	政府選擇次優策略的概率m：威脅社會運動，放棄使用武力	政府選擇最優策略的概率（1-m）：威脅社會運動，動用武力鎮壓
第n個回合	↗	↘	↘	↗
第（n+1）個回合	↗	↘	↘	↗
第（n+2）個回合	↗	↘	↘	↗

表5.7表明運動參與者所得報酬的種種變化，對政府選擇「最優策略」的概率有直接的重要影響。由此可知，「重複博弈過程（Repeated Games）」的第四個動態特徵是，政府選擇「次優策略」的概率逐漸減少。這是「重複博弈過程

（Repeated Games）」所具有的前三個動態特徵相互作用的必然結果。

第五節　運動參與者的選擇：追求眼前利益，喪失長遠利益？放棄眼前利益，追求長遠利益？

上一節討論了政府選擇「次優策略」的概率，是怎樣隨著社會運動的發展而改變的，這一概率的增加或者減少，不僅由政府自身所得的報酬來決定，而且取決於運動參與者所獲取的報酬。根據博弈論理論，在圖5.1的靜態模型（A Static Game）中，政府選取混合型策略（The Mixed Strategy Nash Equilibrium）的動機並非是期望最大限度地實現政府的自身利益（所獲報酬），而是要使運動參與者在他們可選擇的各種策略之間獲得一種平衡，即無論他們選取哪一種策略，最後所得的報酬完全相同。為什麼當政府改變選擇「次優策略」的概率，其目的不是為了自身利益，而是為了使社會運動參與者處於一種策略選擇的平衡狀態呢（即無論他們選取哪種策略，所得的報酬完全相等）？

如果比較「混合策略納什平衡（The Mixed Strategy Nash Equilibrium）」和「單一策略納什平衡（The Pure Strategy Nash Equilibrium）」，二者之間的顯著差別是，在「混合策略納什平衡」中，任意一方的策略選擇是由博弈對手的報酬多少所決定的。在「單一策略納什平衡」中，任意

一方的策略選擇是由自己的報酬多少所決定的。克雷普斯（Kreps）指出：「正是由於這種差別，很多人發現『混合策略納什平衡』奇妙得簡直令人難以置信（Many people find the idea of a mixed strategy Nash equilibrium incredible）」（1990a，第408頁）。

在「混合策略納什平衡（The Mixed Strategy Nash Equilibrium）」中，政府確保社會運動參與者雖然可能選擇不同的策略（「繼續抵抗」或者「打退堂鼓」），但他們所獲的相應報酬將完全相同。但是如果社會運動參與者的報酬一旦改變，政府必然有所回應。所以，在重複博弈過程（Repeated Games）中，政府選擇「次優策略」的概率會有所改變。

政府之所以改變選擇「次優策略」的概率，是因為運動參與者改變了他們的所獲報酬X3和X4，而政府必須對此作出回應。這種回應可以分作兩類：彈性反應（Elastic Response）和非彈性反應（Inelastic Response）。「彈性反應（Elastic Response）」是指當社會運動參與者改變了他們的所獲報酬之後，政府選擇「次優策略」的概率會發生顯著改變。例如：當運動參與者的報酬X3改變之後，政府選擇「次優策略」的概率便以逐漸增加的速度發生改變（Changes at the Increase Rate）。「非彈性反應（Inelastic Response）」是指在運動參與者改變了他們的所獲報酬之後，政府選擇「次優策略」的概率只會有微小的改變。例如：當運動參與者的報酬X4改變之後，政府選擇「次優

策略」的概率以逐漸減少的速度發生改變（Changes at the Decrease Rate）。

與「非彈性反應」相比較，我們應該更為關注「彈性反應」，因為「彈性反應」的後果是極其嚴重的。隨著運動參與者所得報酬的增加，政府使用武力的可能性會顯著提高。所以政府的「彈性反應」是決定社會運動結果的一個關鍵因素。例如：1989年，當北京的民主運動參與者們由於所得報酬顯著增加而陶醉在勝利的喜悅之時，中國政府隨之而來的「彈性反應」是以「最優策略」取代「次優策略」，即動用武力鎮壓民主運動。

簡而言之，通過研究運動參與者所得報酬的改變對政府選擇策略的影響，獲得了一個重要的發現，即在重複博弈過程（Repeated Games）中，儘管幾乎所有運動參與者都認定政府使用武力的概率越來越小，但事實上，只要運動參與者所得報酬逐漸增加，政府動用武力鎮壓社會運動的可能性便越來越大。

這一發現具有重要的現實意義。因為在社會運動的發展過程中，參與者通常陶醉於眼前的勝利和榮譽，他們完全忽略了一個重要的基本原理，即運動參與者所得報酬的不斷增加將迫使政府改變策略，轉而選擇使用武力鎮壓社會運動。1989年6月，正當所有北京的學生們充滿喜悅地斷言，政府一定會像前兩次一樣放棄使用武力，以退讓求和解；軍隊開槍了。犧牲的學生和所有其他運動參與者一樣，他們直到生

命的終點，仍然堅定地認為，人民的軍隊是絕對不會向人民開槍的。

尤其需要指出的是，1989年，北京民主運動的參與者們在重複博弈過程（Repeated Games）中，過度關注眼前利益，從而喪失了長遠利益。他們為每一次政府作出的退讓而高聲喝彩，為所有非官方組織的逐步合法化而歡呼雀躍。然而，當社會運動被武力鎮壓後，年輕的學生喪失了生命，所有因鬥爭而得來的輝煌成果，一夜之間便付之東流。

事實表明，在重複博弈過程（Repeated Games）中，運動參與者必須在眼前利益和長遠利益之間權衡取捨，一味追求眼前利益，便不可避免地喪失長遠利益。如前所述，社會運動興起後，與政府一起構成了一個新的社會系統，本章討論的正是這一系統的第三個特徵：在社會運動的發展過程中，運動參與者不僅應該關注眼前利益，更要關注長遠利益；他們只有在二者之間求得平衡，才有可能取得社會運動的勝利。

新的社會系統的這一動態特徵為社會運動參與者提供了一個重要的機會：如果他們重視長遠利益，則必須放棄某些眼前利益，即如果運動參與者持續抵抗，又能夠使得沒有遭到鎮壓的報酬保持不變，那麼政府使用武力的可能性便不會增加。如果運動參與者抓住了這一機會，他們便掌握了控制社會運動發展的主動權。如果他們放棄了這一機會，最終只能被動地受制於博弈對手。

1989年，在北京民主運動的發展過程中，運動參與者們一次又一次地爭論，是否應當放棄某些眼前利益，以確保長遠利益的實現，即在民主和法制的原則下，通過長期努力，實現中國的政治改革。遺憾的是，所有的爭論都以最大限度地追求眼前利益而告終。例如：1989年5月27日，代表各派力量的民主運動聯合委員會（The Joint Federation of All Circle in Beijing）在北京召開了重要會議。參加會議的各派領導人一致同意（Approved Unanimously），學生們應該從天安門廣場撤出，返回校園恢復正常狀態。會議決定在5月30日組織最後一次大規模的遊行示威，慶祝北京民主運動的最後勝利，然後全體學生返回校園。如果這一計畫得以實行，中國政府則不會以它的「最優策略」取代「次優策略」，而天安門慘案也永遠不可能發生。

然而，北京民主運動聯合委員會的一個分支，即天安門廣場總指揮部（The General Headquarters of Tiananmen Square）中的領導成員突然變卦。因為當時天安門廣場上聚集了許多從外地來北京的大學生，他們大多數是兩三天前到達北京的。這些外地大學生希望自己能有機會參與更多的示威活動。在他們的支持和鼓勵下，天安門廣場總指揮部宣佈，5月30日大遊行後，學生將繼續留在天安門廣場。這些事實表明，許多社會運動參與者，特別是某些學生運動領導者，完全無視社會運動發展的一個重要的基本原理，即在重複博弈過程（Repeated Games）中，運動參與者必須在眼前利益和長遠利益之間權衡取捨，如果只是一味地執迷於眼前

利益,其結果將招致長遠利益的巨大損失。

本章討論了政府和社會運動參與者怎樣在重複博弈過程（Repeated Games）中選擇策略。據此提出本書的第三個理論命題（Proposition 3）：

> 命題3（**Proposition 3**）：在重複博弈過程（Repeated Games）中,社會運動參與者認定政府使用武力的可能性越來越小；而他們無視政府威脅,繼續抗爭又沒有遭到鎮壓時的所得報酬正在不斷增加；如果畏縮不前,他們所得報酬會維持不變。其結果,社會運動持續不斷地與政府對抗。與此同時,政府選擇「次優策略」的概率持續下降。因此,運動參與者必須在眼前利益和長遠利益之間權衡取捨。

第六節　本章結論

本章的重點在於表明社會運動的結局,特別是意料之外的結局,是怎樣在社會運動的發展過程中孕育而成的。特別引人注意的是,「重複博弈過程（Repeated Games）」有四個至關重要的動態性特徵：（1）社會運動參與者認為他們面臨遭受武力鎮壓的危險性越來越小；（2）參與者的所得報酬X_3逐漸增加；（3）參與者的所得報酬X_2保持不變；（4）政府選擇「次優策略」的概率越來越小。根據這四個動態特徵,為了捍衛社會運動的勝利成果,運動參與者必須

在眼前利益和長遠利益之間權衡取捨；這正是運動參與者所處的新的社會系統所具有的第三種特徵。如果運動參與者對於這種結構性限制置若罔聞，一意孤行地追求眼前利益，他們必然遭受長遠利益的重大損失，即意料之外的社會運動結果就會出現。

「混合策略納什平衡（The Mixed Strategy Nash Equilibrium）」是一種非常有效的分析工具，使用這一研究技術，政府的策略選擇和運動參與者所得報酬之間的聯繫便一目了然。當運動參與者各種不同的所得報酬在重複博弈過程（Repeated Games）中有所改變時，政府的策略選擇對其作出的反應各具特色；其中，「彈性反應」至關重要。社會運動的意料之外的結果，正是這種「彈性反應」的結局。

本章應用了四種技術分析社會運動的發展過程：（1）貝葉斯定理（Bayes' Rule）；（2）「混合策略納什平衡（The Mixed Strategy Nash Equilibrium）」；（3）比較靜態分析（A Comparative Static Approach）；（4）變化率的彈性狀態（Elasticity as a General Term for a Rate of Change）。所有這些努力都是為了實現如下的重要目標：「第一，發展一種規範化的手段（A Formal Apparatus），用來描述個人或群體之間相互依賴的行為（Interdependent Actions）與相應的系統結果（Their Systemic Consequences）之間的相互轉化（The Transition）；第二，證明由此而產生的系統均衡（A Balance or Equilibrium at the System Level」（科爾曼 Coleman，1994，第32頁）。在具有雙層結構的博弈論模型

（A Two-Level Game）中重複博弈，「混合策略納什平衡」代表了系統水準上最後的均衡狀態。運動參與者在眼前利益和長遠利益之間的權衡取捨（The Tradeoff）反映了社會運動和政府之間的相互依賴的行為以及相應的系統結果。

最後，有必要將研究社會運動發展過程的兩種不同的研究方法作一比較。詳見表5.8。

表5.8　比較兩種不同的研究方法：博弈論技術和現存的研究方法

比較兩種不同的研究方法	應用博弈論方法 (The Game Theoretical Approach) 所得結論	應用現存的方法 (The Existing Approach) 所得結論
哪些因素影響運動參與者的判斷：政府是否會用武力鎮壓社會運動？	運動參與者觀察政府的言論和行動，然後根據貝葉斯原理形成自己的認定和判斷。	運動參與者通過觀察政府的言論和行動形成自己的認定和判斷。
哪些因素影響政府的策略選擇：動用武力或者放棄動用武力？	有兩個因素決定政府的策略選擇：(1)政府的所得報酬；(2)運動參與者的所得報酬。	決定政府策略選擇的是政府的利益，未曾系統地研究政府的策略選擇和運動參與者所得報酬之間的聯繫。
當運動參與者的報酬有所改變，政府會怎樣應對？	當X3發生變化，政府作出「彈性反應」。 當X4發生變化，政府作出「非彈性反應」。	未曾對政府的「彈性反應」和「非彈性反應」加以區分和研究。
政策建議	對社會運動的政策建議： ・當X3有所改變時，要特別關注政府的「彈性反應」。 ・必須理解眼前利益和長遠利益之間的權衡取捨，一味追求眼前利益，必將遭受長遠利益的重大損失。 對政府的政策建議： ・政府在第一回合採取的策略對運動參與者隨後的行動將產生極其重大的影響。	

表5.8表明，應用博弈論的理論和方法研究社會運動的發展過程有以下優勢。第一，應用博弈論的概念（例如：

重複博弈過程 Repeated Games）和理論（例如：貝葉斯原理 Bayes' Rule），使社會運動的研究者們可以更為系統地分析，更為深刻地理解社會運動發展的各種動態特徵。第二，博弈論的求解技術提供了極具效力的工具（例如：混合策略納什平衡 The Mixed Strategy Nash Equilibrium），使研究者可以使用一種規範化的手段（A Formal Apparatus）系統地研究博弈過程中任意一方的所得報酬及其變化，是怎樣影響另一方的策略選擇。其結果，在重複博弈的過程中，任意一方的行動對另一方在下一個回合的行動影響深遠。第三，應用博弈論研究社會運動的發展過程，為研究者提供了很多應用其他相關技術的機會，例如：「比較靜態分析」和「變化率的彈性狀態」等。最後，運動參與者必須在眼前利益和長遠利益之間權衡輕重，是研究社會運動的一個新的發現；它作為一個新的概念，有助於解釋為什麼社會運動會出現意想不到的結局。

第六章
信息斷裂（Information Gap）及流血衝突：最後的博弈

在社會運動發展至重複博弈（Repeated Games）的最後一個回合，可以觀察到由社會運動和政府構成的新的社會系統的第四個特徵，即社會運動和政府之間出現的信息斷裂（Information Gap），以及由此而來的流血衝突（Blood Confrontation）成為了最後博弈（The Final Game）過程中的納什平衡（Nash Equilibrium）。什麼是社會運動和政府之間的信息斷裂（Information Gap）？

1989年，北京的學生運動已經持續了五十餘天，中國政府最高領導人最終決定使用武力，派軍隊進駐天安門廣場，迫使學生返回校園。政府明白隨之而來的將會是國際社會的嚴厲譴責以及各種經濟制裁。為了在國際社會保持臉面，也為了中國方興未艾的經濟改革免遭滅頂之災，政府強烈期望避免與學生發生任何直接的武力衝突，竭盡全力要把傷亡人數控制在最低水準。為此，政府在軍隊開進北京之前，採用了各種各樣的手段，反復向學生傳遞信息，說明政府即將使用武力。

1989年6月3日下午，武力鎮壓開始前的幾個小時，戒嚴

部隊總指揮部和北京市政府發佈了如下聯合聲明：「目前北京的形勢十分嚴峻，更為嚴重的暴亂隨時可能發生。全體市民要提高警惕，從現在起請你們不要到街上去，不要到天安門廣場去」（人民日報，1989年6月4日）。晚上6:30，武力鎮壓即將開始，政府管轄的所有的電視臺和廣播電臺，在全市範圍內，一刻不停地反覆播放上述聯合聲明，嚴厲警告人們不要到街上去，「凡不聽勸告的將無法保證其安全，一切後果由自己負責」（人民日報，1989年6月4日）。

實事求是地說，在對民主運動進行武力鎮壓之前，中國政府的確使用了一切可能的傳播手段，高聲地清晰地向學生以及所有的運動參與者傳遞了政府即將動用武力的信息。這一消息以最快的速度傳遍了北京全城，無人不知，無人不曉。學生們以及他們的支持者們聽到這一消息後有什麼反應？他們是否在心理上作好了應對武力鎮壓的準備？是否採取了任何切實可行的手段，準備應對即將到來的武力鎮壓？遺憾的是，現有的所有證據都表明，學生，其他運動參與者以及所有的北京市民，完全沒有把政府在聯合聲明中的動用武力的威脅看作是真正的威脅，他們一致認定，政府絕對不會使用武力鎮壓學生運動。

6月3日晚上10:30，武力鎮壓在首蓓地首先開始。首蓓地是北京西長安街上的一個重要路口，距離天安門廣場只有三到四公里，是軍隊進駐天安門廣場的必經之地。學生和市民在那裡阻止軍隊前行，遭到武力鎮壓。與此同時，數公

里之外的天安門廣場上卻是一片歌舞昇平。廣場上的學生們正在舉行一場慶祝儀式，慶祝由學生們自己創建的「民主大學」正式成立。學生們歡呼雀躍，激動不已。當時廣場上聚集了十萬以上的學生和市民，他們中間的大多數人預感到政府可能要採取某些阻止學生運動發展的措施。但是他們認定，人民的軍隊絕對不會向人民開槍。當時的局面是，一方面幾乎所有的學生和居民不僅清楚地而且反覆地聽到了政府發出的即將施行武力鎮壓的嚴正警告，另一方面，他們決定對這些警告置之不理。

「信息斷裂（Information Gap）」作為一個重要概念，在這裡描述了存在於政府傳遞給社會運動的信息和運動參與者所得到的信息之間存在的巨大差別。在1989年北京的民主運動中，「信息斷裂」則表現為政府客觀意願與學生主觀判斷之間的一條鴻溝。1989年6月3日的客觀現實是，對學生運動的武力鎮壓已經蓄勢待發，與此同時，學生和其他運動參與者的主觀判斷是，「政府屠殺學生和市民」的情況，不但是絕對不會發生的，甚至是完全不可想像的。正是由於「信息斷裂（Information Gap）」，在最後的博弈過程中，流血衝突成為納什平衡。正是由於「信息斷裂」，社會運動出現了意想不到的結果（Unintended Outcomes）。

為什麼在社會運動和政府之間出現了「信息斷裂（Information Gap）」？如果中國政府真心誠意地想通過告知學生即將實施武力鎮壓，以求最大限度地減少傷亡，為什麼政府官員未能竭盡全力地去修復這一「信息斷裂」？1989

年的中國政府控制著所有的新聞媒介，為什麼所有這些強有力的媒介共同開動了強大的宣傳機器，都無法使學生意識到政府馬上就要實施武力鎮壓了？當時學生和市民的判斷是，「屠殺學生和市民」的情況，是絕對不會發生的，是完全不可想像的。他們的這種判斷是錯誤的預期還是合理的判斷？為什麼所有的學生和運動參與者都有著上述同樣的認定和判斷？

迄今為止，有很多關於天安門廣場慘案的研究，也出版了很多相關專著。然而在這些著作和文章中，沒有任何作者提出上述問題。本章將為這些問題提供答案，並進一步解釋在運動發展的最後階段，在武力鎮壓的背後究竟發生了什麼。

第一節　政府重複選擇「威脅」策略：這些策略是相互聯繫的還是相互獨立的？

本書第五章第一節曾經討論了以下兩個問題：（1）學生和其他社會運動參與者是怎樣根據政府的言論和行動進行推斷，從而瞭解政府的意願和動機；（2）在重複博弈過程中，學生和運動參與者是怎樣根據在不同回合所得到的新的信息，不斷更改他們在上一回合對政府意願和動機的主觀判斷。在社會運動的發展過程中，運動參與者持續不斷地更改他們的認定和判斷；與此同時，政府也在重複博弈過程中確立它自己的可信度（Credibility），以便使人民信任政府。

1989年，中國政府曾經公開地對民主運動進行了三次威脅。學生和他們的支持者們完全無視前兩次威脅，繼續示威抗議，其結果，政府公開採取退讓策略，放棄使用武力。因此，運動參與者根據他們的切身經歷，得出一個重要結論，即政府的威脅不過是虛張聲勢，可信度極低。費特韋斯，克里斯多夫（Christopher J. Fettweis）這樣描述道：「我們在日常生活中確立了自己的聲望（Reputation），從而影響著其他人如何看待我們。身為父母都知道，在所有情況下都必須說話算話，否則他們的孩子將不會相信他們的任何說教。我們都曾有過這樣的朋友，他們一而再再而三地自食其言（Repeated Failures to Deliver on Past Promises），因此，我們無法相信他們未來所作的任何承諾（Their Future Assurances）」（2007，第618頁）。

　　有很多證據表明，在制定和實施外交政策方面，政府的可信度是必不可少的（Credibility Imperative）。如果我們比較政府的可信度對國際關係的重大影響和這種可信度對社會運動的重要影響，二者有很多共同之處。費特韋斯（Fettweis）指出：「在國際關係中，今天採取的外交行動有可能導致明天的危機，但也可能防止明天的危機出現。所有的資深外交政策專家都認為這是千真萬確的常識。涉及外交政策的行動向國際社會所傳遞的信息，在某種意義上，比這些行動本身更具有影響力，因為其他國家，包括現在的敵人和潛在的敵人，正在觀察我們，並根據我們的每一個行動，決定美國作出的威脅和承諾是否可信」（2007，第607頁）。

這種可信度（Credibility）「按照基辛格（Kissinger）的說法，『是一種無形的資源（An Intangible Asset），我們借用這種珍貴的資源實施我們的外交政策』，如果沒有這種資源，任何國家都無法影響其他國家的行動（Cannot Influence the Actions of Others」（費特韋斯Fettweis，2007，第609頁）。

政府可信度（Credibility）的改變是怎樣造成信息斷裂（Information Gap）的？1989年，中國政府選擇行動策略時，是否曾經關注如何保持其對民主運動的可信度？是否意識到政府如果喪失了可信度，便失去了對社會運動的影響力？

在回答這些問題之前，有必要說明的是研究者和實際工作者對政府可信度是否重要這一問題，有著完全不同的看法和激烈的爭論。我們可以從這一辯論的雙方汲取必要的信息，從而幫助我們更為準確地理解1989年民主運動的最後一個回合以及意料之外的結局。

費特韋斯（Fettweis）描述了這一辯論：「在過去的五十年，歷史學家麥克馬洪，羅伯特（Robert McMahon）所提出的這一概念『必不可少的可信度（Credibility Imperative）』，在所有的外交政策辯論中，都佔據了中心地位。然而，大多數研究者們（Scholars）對此卻有不同的意見。自越南戰爭以來，越來越多的學者們（Scholars）認為，存在著一個可以取代『必不可少的可信度』的更為恰當的概念。因為過分關注外交政策的「可信度」（The Obsession with Credibility），只是為一種脫離實際的虛幻感所蒙蔽；輕者是浪費時間（An Illusory Waste of Time），重者則是造成

嚴重的具有破壞性的錯誤導向（A Producer of Profoundly Destructive Misguidance）。目前，除了『必不可少的可信度』之外，幾乎沒有任何其他分歧引起政策制定者（Policy Community）與學者（Scholars）之間有如此嚴重的意見分歧。因此，當務之急是通過辯論，找到雙方都可以接受的共識」（2007，第607頁）。

那個可以取代「必不可少的可信度（Credibility Imperative）」的更為恰當的概念是什麼？我們是否可以用這個新的更為恰當的概念，而不是用『必不可少的可信度』來解釋政府和社會運動之間的信息斷裂？

表6.1　有關政府可信度的辯論

辯論雙方的觀點：	必不可少的可信度（The Credibility Imperative）	新的更為恰當的概念（A Competing Conventional Wisdom）
政府可信度的重要性	政府可信度是一種極其寶貴的資源，國內公眾及國際社會依據政府可信度預測政府未來行動。	政府可信度不僅是一種虛幻感（An Illusion），而且是一種非常危險的虛幻感。政府無法控制自身的可信度。
基本假設	發生在不同時間不同地點的外交行動在本質上是相互依存的。	外交行動的相互獨立程度，遠遠超出通常人們的想像。
政府通過行動傳遞信息的重要性	政府採取的行動能夠向外界傳遞一種信息，這種信息表明政府未來可能採取的行動。	用行動傳遞信息，使外界能夠預料政府如何應對未來危機的想法只是幻想，毫無實際意義。
政府可信度對其實施政策的影響	政府可信度越高，越容易達到政策目標。	各種應對危機的行為都是相互獨立的，政府可信度與此無關。

表6.1總結了在有關政府可信度的辯論中雙方的主要觀點。資料來源於費特韋斯（Fettweis）於2007年撰寫的文章，「可信度與反恐戰爭（Credibility and the War on Terror）。」費特韋斯（Fettweis）在文章中激烈地批判：「必不可少的可信度（Credibility Imperative）」，他認為：「如果用「必不可少的可信度」指導政策，政府有可能犯方向性的錯誤；因為從本質上看，「必不可少的可信度」作為一種資源被使用時，具有很強的隨意性，不可控制」（2007，第633頁）。

在這裡，我無法贊同費特韋斯（Fettweis）的「新的更為恰當的概念」；因為在社會運動的發展過程中，政府的可信度對如何影響自身的博弈對手以及控制社會運動的發展至關重要。與費特韋斯的意見相反，社會運動發展中的大量證據表明，如果不用「必不可少的可信度」指導政策，政府將有可能犯方向性的錯誤；即政府將有可能完全喪失對其博弈對手的影響以及對社會運動發展過程的控制。

本書第五章解釋了為什麼可以把社會運動的發展理解為一個包括了三個回合的重複性博弈過程。政府在每一個回合都對社會運動進行威脅。這三次威脅是相互聯繫（Interdependent）的，還是各自獨立（Independent）的？事實表明，就其影響來看，它們之間是密切相關的。政府在第一回合所選擇的策略（威脅民主運動，顯示武力；當學生無視威脅，繼續抗爭，政府放棄使用武力），極大地影響了政

府在第三回合的策略選擇（學生無視政府威脅；政府使用武力鎮壓）。第五章已經詳細證明，政府在第一回合選取的策略是怎樣影響它在第三個回合的策略選擇。根據上述有關「政府可信度」辯論中，提倡「新的更為恰當的概念」的那些學者的基本假設是，政府的數次威脅之間沒有聯繫，相互獨立。然而，在社會運動的發展過程中，支持這一假設的證據並不存在。

第二節　政府的利益：追求眼前觸手可及的利益？還是關注未來尚未確定的利益？

如果政府在不同時間段對社會運動的威脅是相互影響的，政府官員必須關注當前採取的行動對未來的影響。對政府來說，眼前的利益通常觸手可及（The Tangible Interests of the Present），而未來的利益則尚未確定（The Intangible Interests of the Future）。1989年，在北京的民主運動中，第一和第二回合可以被看作是當下（The Present），而第三回合則是未來（The Future）。如果把政府在第一回合的報酬作為「眼前觸手可及的利益」，即中國政府放棄使用武力以確保其行動的「合法性」，那麼政府的「可信度」就是「未來尚未確定的利益」。因為在整個運動發展過程中，政府的「可信度」是決定運動參與者策略選擇的關鍵因素。

毫無疑問，對於政府而言，「觸手可及的眼前利益」以及「尚未確定的未來利益」都至關重要。在決策過程中，政

府必須在二者之間保持平衡。1989年的中國政府是怎樣在選擇行動策略時,保持二者之間的一種平衡?

在重複博弈過程的第一個回合,學生無視政府的第一次威脅,繼續上街遊行,數千名武裝員警在學生面前從警戒線上完全撤除。在第二個回合,當超過一百萬學生和市民上街示威遊行,抗議實施戒嚴法,荷槍實彈的士兵和軍車完全停止了向北京的進發。面對民主運動的每一次挑戰,政府都是以退讓求和平。這明確地顯示了政府的選擇,置「合法性」於「可信度」之上,把「眼前觸手可得的利益」置於「未來尚未確定的利益」之上;與此同時,政府贏得了「軟弱無能」的名聲。

然而,費特韋斯(Fettweis)卻認為沒有必要關注在「眼前觸手可得的利益」與「未來尚未確定的利益」之間取得平衡。他認為:「未來是不確定的,是我們無法控制(Outside Our Control)的。因此,我們必須關注眼前觸手可得的利益,而不必擔心未來」(2007,第633頁)。「雖然著眼於未來是一件很自然,並且令人感到寬慰的做法,但實際上,這樣做反而會使人們在當下更為缺乏遠見(Create Profound Myopia in the Present)」(2007,第608頁)。把「眼下觸手可得的利益」置於(Outweigh)「未來尚未確定的利益」之上,是一種理性行為嗎?關注未來是否真的使人們在當下更為缺乏遠見?

讓我們看看存在於社會運動發展過程中的現實證據吧,

看看政府如果不能在眼前利益和未來利益之間保持平衡，甚至對「未來尚未確定的利益」置之不顧，將會造成什麼樣的後果。1989年，當中國政府在民主運動第一和第二回合一味追求當下行為的「合法化」，而置政府「可信度」這一長遠利益而不顧時，造成了兩個嚴重後果。

第一個嚴重後果是，政府的可信度直線下降，其結果是政府和學生運動之間出現了信息傳遞障礙，或者如前所說，出現了信息傳遞斷裂（The Information Gap）。怎樣測量政府的可信度？費特韋斯（Fettweis）認為，可信度是無法測量（Immeasurable）的。他說：「可信度和其它心理學變數（All Psychological Variables）一樣，它們是無法量化（Unquantifiable）的，因此是不能測量的」（2007，第610頁）。

我完全不能同意費特韋斯（Fettweis）的意見，我將證明可信度是可以測量的。在社會運動發展的過程中，政府可信度的嚴重下降造成了政府和社會運動之間出現的信息傳遞斷裂（The Information Gap）。在本書第五章，下列公式作為等式（7）已經得到了證明。

$$\therefore \frac{P(H|D)}{P(-H|D)} = \frac{P(H)}{P(-H)} \times \frac{P(D|H)}{P(D|-H)} \quad <7>$$

第五章已經說明，H假設政府放棄使用武力，-H假設政府使用武力。P代表運動參與者認定H假設或者 -H 假設成立

的概率。D代表運動參與者在每一個回合所觀察到的政府的行為,也稱為運動參與者所得到的新的信息。

等式左邊的 $\frac{P(H|D)}{P(-H|D)}$ 表示運動參與者對政府意願重新判斷的優勢比(The Posterior Odds)。這一優勢比表明根據新的信息,溫和派政府的假設能夠成立的概率,與這一假設無法成立的概率之比。如果運動參與者的重新判斷的優勢比(The Posterior Odds)增加,那麼政府由溫和派主導的假設能夠成立的概率也一定會增加;這意味著運動參與者認為他們面對溫和派政府的機會正在顯著提高。如果這一優勢比(The Posterior Odds)變小,運動參與者便認為他們面對強硬派政府的機會有所提高。

在等式的右側,$\frac{P(H)}{P(-H)}$ 表示運動參與者對政府意願最初判斷的優勢比(The Prior Odds),$\frac{P(D|H)}{P(D|-H)}$ 代表似然比(The Likelihood Ratio)。似然比告訴我們,在溫和派政府的假設能夠成立的前提下,運動參與者觀察到政府放棄使用武力的概率,與這一假設無法成立時,仍然觀察到政府放棄使用武力的概率之比。似然比(The Likelihood Ratio)的數值越大,溫和派政府的假設能夠成立的可能性便越大。

顯而易見,運動參與者對政府意願重新判斷的優勢比(The Posterior Odds)取決於以下兩個變數:(1)運動參與者對政府意願最初判斷的優勢比(The Prior Odds);(2)似然比(The Likelihood Ratio)。在重複博弈過程中,運動參與者在第一回合中的重新判斷便是他們在第二回合中的最初判斷;在第二回合中的重新判斷便是他們在第三回合

中的最初判斷,等等。事實表明,社會運動的發展過程就是運動參與者的學習過程,他們不斷地學習新的信息,用以修正自己的最初判斷,形成更接近實際的重新判斷。

本書第五章詳細討論了參與北京民主運動的學生及他們的支持者們,是怎樣根據新的信息不斷地修改他們對政府意向的最初判斷的(詳見第五章表5.2)。為了說明在社會運動的發展過程中怎樣測量政府的可信度,有必要首先闡明從表5.2中得到的如下三個結論:

1. 在重複博弈過程的第一個回合,運動參與者認為,政府放棄使用武力的假設能夠成立的概率等於百分之五十。
2. 在第二個回合,運動參與者認為,政府放棄使用武力的假設能夠成立的概率大於百分之五十。
3. 當運動參與者認定,政府拒絕使用武力的假設能夠成立的概率逐漸增加時,他們一致認為政府使用武力的可能性顯著下降。

事實上,社會運動的發展過程不僅是運動參與者的學習過程,他們通過學習所得到的新的信息,不斷地修改對政府意向的最初判斷;與此同時,社會運動的發展過程也是一個測量過程,運動參與者不間斷地測量政府的可信度(詳見表6.2)。

表6.2　對政府可信度的持續測量

重複博弈（Repeated Game）	政府的可信度C（C = Credibility）	最初判斷的優勢比Prior（Prior = The Prior Odds）	似然比LR（LR = The Likelihood Ratio）	重新判斷的優勢比Posterior（Posterior = The Posterior Odds）
第一回合	C1 = 50%	Prior1 = 50/50 = 1	LR1 > 1	Posterior1 > Prior1
第二回合	C2 < C1 C2 < 50%	Prior2 > Prior1 Prior2 > 1	LR2 > 1	Posterior2 > Prior2
第三回合	C3 < C2 C3 < 50%	Prior3 > Prior2 Prior3 > 1	LR3 = 0	Posterior3 = 0

　　表6.2中的信息來自表5.2。在第一回合，中國政府在官方社論中使用了「動亂」一詞描述學生運動，這不但清楚地表明瞭政府對民主運動的「零容忍」，而且還為政府可能採取的鎮壓手段提供了合法性。政府真的會使用武力嗎？學生們不得而知。根據常識，他們認為民主運動遭到武力鎮壓的可能性是百分之五十，即政府的可信度為百分之五十。

　　在第二回合，中國政府重申了使用武力鎮壓的強烈願望，頒佈了戒嚴法，荷槍持彈的士兵和坦克進入了北京城區，局勢顯得越來越緊張。但是，學生和市民卻在懷疑政府是否仍然只是虛張聲勢，危言聳聽。與第一回合不同的是，學生和支援他們的市民們不再是僅僅用常識判斷政府的可信度，而是根據新的信息切實測量政府的可信度。他們從第一回合得知，政府不僅放棄使用武力，以退讓避免衝突，而

且出爾反爾，由此喪失了可信度。所以，在表6.2中，LR1 > 1，C2 < 50%，這表示學生和市民一致認為，政府的可信度已經下降至低於百分之五十。

在第三回合，中國政府的最高領導人決心不惜採取一切手段終止民主運動。政府官員們運用各種媒介，三番五次地公開宣告，政府決定使用武力鎮壓所謂「已經被壞人操縱」的學生運動。遺憾的是，在那一刻，中國政府的可信度在學生和其它運動參與者中，已經下降到了最低水準。這是因為所有的人都從第二回合得知，政府一而再再而三地出爾反爾，放棄使用武力，以退讓求和解；其可信度幾乎降低至零。

在表6.2中，LR2 > 1。在第三回合，由於政府使用了武力，所以LR3 = 0。詳見如下證明：

$$\because P(D|H) = 0$$

$$\therefore \frac{P(D|H)}{P(D|-H)} = 0$$

$$\therefore \frac{P(H)}{P(-H)} \times \frac{P(D|H)}{P(D|-H)} = 0$$

表6.2 清楚地表明在社會運動的發展過程中，政府的可信度不僅是可以測量的，而且是逐漸下降的：C1 > C2 > C3。一個喪失了可信度的政府所作出的任何威脅都是無法令人置信的。因此，信息傳遞的斷裂（The Information Gap）隨之而

來。以上是政府在決策過程中只關注眼下利益,而忽略當前政策可能造成的長期影響的第一個嚴重後果。

1989年,當中國政府在民主運動第一和第二回合一味追求當下行為的「合法化」,而置政府「可信度」這一長遠利益而不顧時,還造成了第二個嚴重後果。這便是一旦政府喪失了可信度,便會出現多米諾骨牌效應。例如,1989年,在運動發展的最後階段,中國政府由於一而再再而三地言而無信,其可信度幾乎喪失殆盡;其結果,政府喪失了與學生和其它運動參與者進行交流和溝通的所有手段,從而喪失了控制社會運動發展的所有可能性。

1989年的中國政府掌控著所有大眾媒介,在運動發展的第三回合,急不可耐地向學生和所有運動參與者反復地傳達著如下信息:政府已經決定立即採取一切必要手段,終止民主運動,因此,所有市民都不要外出,否則會有生命危險,等等。然而令人遺憾的是所有的媒介宣傳不但都毫無效果,而且被當作是一種笑柄。當時的北京,人們口中爭相傳遞的是一句「警世箴言」:「人民的軍隊,絕對不會向人民開槍」。學生,其他的運動參與者以及所有的北京市民,達成了空前一致的共識,即政府的宣傳不過是威脅恫嚇,不足為信。於是,成千上萬的學生和市民置政府的警告於不顧,聚集在北京街頭和天安門廣場。當時的中國政府,手握重兵,蓄勢以待;但是在勸誡學生和市民時卻束手無策,在彌補政府和學生之間的信息斷裂(Information Gap)時,更是無能

為力。

1989年6月3日，當軍用坦克裝載著配備了機關槍和突擊步槍的軍隊，到達距離天安門只有三至四公里的首蓓地路口時，十多萬名學生和他們的支持者仍然聚集在廣場上。雙方意料之外的流血衝突幾乎已經完全不可避免，這是中國政府最可怕的噩夢。因為任何流血衝突都將激怒國際社會，導致對中國政府的強烈譴責以及嚴厲的經濟制裁。

簡而言之，如果政府在決策過程中，只關注能夠獲取眼下利益的策略選擇，而對未來的相關利益不予考慮，所造成的後果十分嚴重。政府的可信度急劇下降，政府作出的各種威脅都無人理會，信息斷裂（The Information Gap）不可避免地出現於政府與社會運動之間，多米諾骨牌效應隨即顯現，一方面政府掌控強大的軍隊和員警，另一方面，政府由於出爾反爾，反復無常，卻被社會運動視為懦弱無能。政府一方面掌控著所有的傳播手段，另一方面，卻對如何彌合信息斷裂（The Information Gap）一籌莫展；政府影響社會運動發展進程的能力喪失殆盡。

上述所有證據表明，「必不可少的政府可信度」在社會運動的發展過程中至關重要。如果對此不置可否，避而不談，是無法理解社會運動如何發展的。在社會運動的發展過程中，儘管沒有任何政府可以完全控制運動參與者的判斷及洞察力，但是，運動參與者根據政府對社會運動作出的各種反應，持續不斷地修正自身的判斷及洞察力。因此，對於政府而言，保持與社會運動的正常交流與溝通是極為重要的，

因為這是政府掌控局勢的唯一重要手段。本章的下一節將具體討論「政府可信度」是怎樣影響著參與者對社會運動發展前景的分析和判斷。

第三節　運動參與者作出正確判斷的依據：僅僅根據以往的經驗或者根據經驗以及對當前形勢的正確判斷

　　1989年，幾乎所有的學生，其他的運動參與者以及北京市民，在民主運動發展的第三回合，無一例外地認定政府將再一次作出退讓。他們在第一回合親身體驗了持槍荷彈的員警是怎樣在學生面前撤退的，在第二回合，他們又親眼目睹了武裝士兵和軍車是怎樣在進軍天安門廣場時被手無寸鐵的民眾攔截的。毫無疑問，這些第一手經驗為他們判斷政府在第三回合的意圖提供了重要依據。但是事實證明，當時所有的人，無一例外地做出了錯誤的判斷。為什麼他們根據親身經歷所作出的判斷是錯誤的？

　　普萊斯，達里爾（Daryl Press）研究了政府可信度對政府反對者的影響。他認為：「當父母告誡孩子，如果不遵從指令將被懲罰時；孩子們會用他們過去的經驗判斷父母的威脅是否可信。與朋友約定一起去看電影，我們會根據過去與這個朋友交往的經驗判斷他是否會如約而至。但是，當政府在危機狀態下必須作出生死攸關的重大決策時，其對手是不能使用同樣的邏輯進行判斷的。事實上，在面臨國家和個人

安危的重要時刻,如果人們仍然依賴自己在日常生活中,從那些無足輕重的策略選擇中所積累的個人經驗,那麼他們的判斷和決定不僅是可笑的,甚至是非理性的」(2006,第12頁)。

費特韋斯（Fettweits）認為:「普萊斯（Press）主張,人們作出判斷的依據應當是政府的能力以及國家的利益,而不應該是過去的經驗,不應該僅僅以政府過去做了什麼為依據」(2007,第619頁)。

根據普萊斯（Press）的意見,有兩類不同的決策:重要決策（Important）以及非重要決策（Unimportant）。儘管人們都是依據經驗提出個人意見並且作出判斷,但這只適用於非重要的策略選擇。在進行重要的策略選擇時,不能依據個人過去的經驗。普萊斯（Press）的主張在邏輯上前後矛盾。當人們在選擇策略時,為什麼要遵循不同的邏輯原則?為什麼進行重要策略選擇時,遵循一種邏輯;而進行其他策略選擇時,要遵循另一種邏輯?為什麼當進行不重要的決策時,依據以往經驗所作出的判斷是理性的,而當進行重要的策略選擇時,遵循同樣的邏輯原則,就會得出非理性的結果呢?

我在這裡將對普萊斯（Press）進行反駁。我認為人們應當根據兩種依據作出判斷:（1）以往的經驗,（2）對當前形勢的理解。在任何決策過程中,無論是重要的還是非重要的決策,都取決於這兩種依據。以1989年為例,在運動進行到第三回合,如何判斷政府的可信度?學生與其他運動參

與者理所當然地借鑒了他們在第一與第二回合與政府交手的直接經驗，認定政府的可信度幾近於零。但是，他們忽略了對第三回合形勢的正確分析和透徹理解。

怎樣定義「當前形勢」？按照普萊斯（Press）的意見，「當前形勢」是指敵對方面的政府能力和國家利益。例如：在1989年民主運動的第三回合，當學生以及其他運動參與者試圖確定政府是否真的會使用武力時，他們至少應當提出以下幾個問題：

1. 在第一回合和第二回合，政府是怎麼做的？
2. 第三回合的形勢與以往相比，是否有任何不同之處？
3. 在第三回合政府是否有足夠的能力實施威脅，運用軍隊鎮壓民主運動？
4. 在經歷了前兩個回合之後，在第三回合，以武力鎮壓民主運動，符合政府的最大利益嗎？

上述第一個問題涉及過去經驗，其他幾個問題則是對當前形勢的分析。遺憾的是，1989年，學生以及其他運動參與者完全沒有能力對當時的形勢進行分析。對於政府發出的各種嚴重警告，學生和北京市民僅僅根據他們的經驗作出判斷。他們認為，這些新的警告，表明政府打算採用某些新的手段實施戒嚴法，但任何新的手段都將無濟於事。因為戒嚴法已經頒佈了十餘天，政府始終「無所作為」，戒嚴法一直未能實施。學生和其他運動參與者沉迷於他們在第一回合和

第二回合的親身經歷，他們看不到形勢在第三回合已經發生了顯著的變化。例如：政府前所未有地開足馬力，動用所有大眾媒介，大張旗鼓地發出武力鎮壓的嚴正警告。學生及其他運動參與者卻對政府的嚴正警告完全不予理會，對政府為實施武力鎮壓所做的各種準備視而不見。例如：政府在向全城發佈嚴正警告之前，就已經公開地將軍事裝備調運城內。遺憾的是，對此竟然無人理會，沒有人認為這是政府實施武力鎮壓的前兆。事實上，學生和其他運動參與者對社會運動發展的動態特徵一無所知，他們天真地陶醉於民主運動在前兩個回合所取得的勝利之中。但他們不懂得民主運動每取得一次勝利，政府實施武力鎮壓的危險就增加一分。

總而言之，在重複性博弈過程的第三個回合，學生和所有運動參與者認定政府絕不會動用武力。顯而易見，這一判斷是不正確的。他們的錯誤並不在於憑藉過去的經驗進行判斷，而在於他們對於當時的形勢缺乏正確的分析與理解。特別應該指出的是，社會學作為一門科學，從來沒能為社會大眾提供有關社會運動發展的動態特徵的知識，從來沒有深入研究為什麼社會運動會出現意想不到的結局。其結果，學生和運動參與者在缺乏相應知識的前提下，無法正確地分析和認識當時的形勢。

本章討論了在重複性博弈過程中的最後一個回合，運動參與者所選擇的策略。據此提出本書的第四個理論命題（Proposition 4）：

命題4（Proposition 4）：在政府與社會運動相互博弈的最後一個回合，政府清楚地告誡運動參與者，它決定使用武力鎮壓社會運動。由於政府與社會運動之間存在著信息斷裂（The Information Gap），運動參與者完全無視政府的威脅。其結果，運動參與者繼續對抗，流血衝突成為社會運動意料之外的結局。

第四節　本章結論

　　本章的重要發現是運動末期出現在政府與社會運動之間的信息斷裂（The Information Gap）。由此，在政府與社會運動的最後博弈中，流血衝突成為唯一的納什平衡。在某種意義上，造成社會運動意料之外結局的直接原因，是政府與社會運動之間的信息斷裂。

　　政府與社會運動之間的信息斷裂是由以下兩個原因引起的。第一個原因是政府所做的一系列策略選擇都忽略了對自身可信度的影響。本書第三章已經證明，社會運動一旦興起，政府的慣常做法是對運動參與者進行威脅，但是，這種威脅通常都是徒勞無功的。一旦政府放棄威脅中所聲明的對運動參與者的懲罰，它的可信度便開始降低。如果這一過程再次重複，政府的可信度在每一個回合都持續降低。當社會運動認為政府的可信度已經降低至零，信息斷裂便出現於政府和社會運動之間。

　　第二個原因是運動參與者未能正確理解當時的形勢。

他們僅僅根據自己的過往經歷，認定政府使用武力的可能性微乎其微，而完全忽視了政府的能力和利益所在。

在社會運動發展的最後階段，這種信息斷裂是否可以得到修復？事實上，無論是政府還是社會運動參與者都無法彌補這種信息斷裂。政府的可信度已經降至最低點，它失去了所有與社會運動溝通和交流的手段。學生和其他參與者缺乏有關社會運動發展的相關知識，他們無法正確地分析和理解當時的形勢。其結果，流血衝突便成了彌補信息斷裂所必須付出的代價。

最後，有必要將應用博弈論理論研究社會運動發展的最後階段與現存的研究結果作一比較。詳見表6.3。

表6.3 比較兩種不同的研究方法:博弈論技術和現存的研究方法

比較兩種不同的研究方法	應用博弈論方法 (The Game Theoretical Approach) 所得結論	應用現存的方法 (The Existing Approach) 所得結論
政府的可信度可以測量嗎？	政府的可信度可以測量。	政府的可信度是無法測量的。
如果政府控制著所有的媒介,它是否就可以與社會運動進行有效的溝通和交流？	不能。當政府的可信度下降到最低點,無論它控制了多少媒介,政府與社會運動的溝通和交流都將無效。	是的。政府可信度下降後產生的多米諾骨牌效應仍在研究之中。
如果政府手中握有強大的軍隊,它是否可以以此為威懾力量,從而控制社會運動的發展過程？	不能。當政府的可信度下降到最低點,無論它控制了多麼強大的軍隊,它不能影響社會運動,無力控制社會運動的發展過程。	是的。政府可信度下降後產生的多米諾骨牌效應仍在研究之中。
政策建議	對政府的政策建議： ・政府在重複性博弈的第一回合所選擇的策略,導致了最後一個回合的流血衝突。 ・政府選擇策略的重要意義,通常超過與策略對應的相關行動的意義。 對社會運動的政策建議： ・正確的判斷不僅依賴於過去的經驗,還應該依賴於對形勢的正確理解。	

　　從表6.3中可知,在研究政府可信度如何影響社會運動的發展時,應用博弈論理論和技術具有很強的優越性。第一,當其他研究者認為,政府的可信度是無法測量時,本章

解釋了如何應用博弈論中的貝葉斯原理，證明了運動參與者是怎樣一個回合接另一個回合地測量著政府的可信度。第二，某些研究表明，通常情況下，各方在危機時刻採取的行動，都是孤立的行為。本章證明，應用博弈論中重複博弈的分析技術，可以證明政府，學生和其他參與者在運動發展末期，危機到來之時所採取的行動，完全不是孤立的行為。政府在運動初期以及隨後的策略選擇，政府可信度下降後的多米諾骨牌效應都直接導致了發生在最後一個回合的危機和流血衝突。第三，「資訊斷裂「是本章提出的一個新的重要概念。應用這一概念可以較為深刻地理解為什麼社會運動會產生意料之外的結果。

第七章
社會運動發展的不變規律

　　中國古代哲學家老子主張，取天下常以無事。這裡的「常」就是不變。雖然萬物都在變，可是萬物變化所遵循的規律本身不變。與天下萬物一樣，社會運動也是可變的，例如：1970年5月4日，美國肯特州立大學（Kent State University）的學生舉行示威遊行，反對越南戰爭和尼克森政府，導致這一社會運動和反社會運動的政府之間發生暴力衝突。1989年4月，北京的大學生們走上街頭，反對腐敗，要求民主；6月3日，發生了天安門慘案。無論這些社會運動發生的時間，地點以及運動參與者的訴求差異有多大，社會運動的發展過程中同樣有「常」，有可以認為是定規的東西。老子告誡人們，知常曰明，由此，總結及認識社會運動發展的不變規律即成為本書的宗旨。

　　根據科爾曼（Coleman）「理性選擇（Rational Choice）」的社會學觀點（Sociological Perspective），我應用博弈論技術和方法，以1989年中國學生運動作為研究案例，提出以下四個命題，作為社會運動發展的不變規律。

　　命題1（Proposition 1）：在一個具有不完整信息的博弈

論模型中（A Game with Incomplete Information），社會運動「無視政府威脅的繼續抵抗（Anti-Threat Resistance）」將肯定發生。選擇這一策略需要兩個條件，而這兩個條件在一般情況下會同時存在：（1）運動參與者認為，政府使用武力的概率（Probability）等於或小於百分之五十；（2）對於運動參與者而言，如果選擇「繼續抵抗」，而政府沒有使用武力，其結果要勝於「打退堂鼓」的後果。

命題2（Proposition 2）：社會運動的興起，使政府置於「厚此薄彼型的具有雙層結構的博弈論模型」之中。政府在這兩個模型中最初的唯一選擇是「次優策略（Suboptimal Strategy）」，即威脅社會運動，顯示武力；如果運動參與者無視威脅，政府放棄使用武力。政府的這一選擇不但對運動的發展進程有重大影響，而且使政府最終喪失了向運動參與者傳遞其真實意願和動機的所有手段。

命題3（Proposition 3）：在重複博弈過程（Repeated Games）中，社會運動參與者認定政府使用武力的可能性越來越小；而他們無視政府威脅，繼續抗爭又沒有遭到鎮壓時的所得報酬正在不斷增加；如果畏縮不前，他們所得報酬會維持不變。其結果，社會運動持續不斷地與政府對抗。與此同時，政府選擇「次優策略」的概率持續下降。因此，運動參與者必須在眼前利益和長遠利益之間權衡取捨。

命題4（Proposition 4）：在政府與社會運動相互博弈的最後一個回合，政府清楚地告誡運動參與者，它決定使用武力鎮壓社會運動。由於政府與社會運動之間存在著信息斷

裂（The Information Gap），運動參與者完全無視政府的威脅。其結果，運動參與者堅持與政府對抗，流血衝突成為社會運動意料之外的結局。

第一節　社會運動發展的不變規律高於「權力」

社會運動的出現創造出了一個新的社會系統，這一系統由兩個群體組成：社會運動自身以及與社會運動對立的政府。雖然政府重兵在手，大權在握，似乎可以將學生或其他運動參與者玩弄於股掌之中。但事實證明，如果政府不瞭解或者是不尊重社會運動發展的不變規律，「權力」再大也無濟於事。例如：1989年的中國政府竭盡全力避免流血衝突，以避免國際社會對中國嚴厲的經濟制裁。但事與願違，「天安門慘案」使得中國政府在國際社會顏面丟盡，隨之而來的經濟制裁使中國的經濟改革舉步維艱。

與之相反，如果政府能夠學習並且理解社會運動發展的不變規律，根據這些規律來指導政府決策，便會「知常曰明」，避免「天安門慘案」的發生。無論政府的「權力」有多大，社會運動發展的不變規律永遠高於「權力」。自視權尊勢重，可以恣意妄為，勢必搬起石頭砸自己的腳。

第二節　社會運動發展的不變規律始於「理性」

在本質上，任何社會運動的基本訴求都是「權利」的

再分配,即「權利」在不同群體之間的重新分配。1970年5月,美國肯特州立大學(Kent State University)的學生舉行示威遊行,他們向國際社會表明,美國人民有權利決定是否應當從越南撤軍。1989年的北京,大學生們要求政府改善中國的人權現狀,要求得到建立非官方學生組織的權利。

政府威脅社會運動後,學生們毫無懼怕,繼續示威。當政府出爾反爾,放棄武力鎮壓後,社會運動取得了第一回合的勝利。中國政府接受了學生們提出的對話要求,並前後七次與學生代表對話。勝利的喜悅,溢於言表的興奮以及對未來的無限憧憬都寫在了無數青年學子的臉上。政府隨後發佈了戒嚴令,又一次嚴厲地威脅社會運動。第二天,超過一百萬人走上街頭,來到天安門廣場,日復一日地抗議實施戒嚴令。政府又一次出爾反爾,戒嚴令付之東流;社會運動取得了第二回合的勝利。

勝利為學生們不僅帶來了喜悅和興奮,而且還有鮮花和美酒。外國記者們親身體驗了參加運動的青年學生所洋溢著的樂觀精神,他們曾經這樣報導:「大街上遊行的學生們個個喜氣洋洋」(中國日報,1989年5月18日)。原來名不見經傳的年輕學生,成了天安門廣場上萬人矚目的英雄。作為學生運動的領導人,他們可以呼風喚雨,隨意調遣數十萬人的遊行隊伍;他們也可以與中央領導人平起平坐,要求政府滿足社會運動的各項訴求。

政府實施武力鎮壓的數天之前,那些曾經投票贊成學生撤離天安門廣場,後來又擅自改變主意的學生運動領導人,

是否曾經試圖思考過任何有關社會運動發展的不變規律？是否意識到自己「翻手為雲覆手為雨」的決策將關乎無數青年學子的生與死？勝利可以衝昏頭腦，驕傲足以讓人喪失理性。「我們沖過了員警的武裝封鎖線」！「我們擋住了駛入北京的裝甲坦克」！「我們無所畏懼，我們一往無前」！彌漫在天安門廣場上空的是無所不能的張狂和永無休止的欲望，理想替代了現實，熱情驅趕了理性。

絕大多數學生運動領導人雖然主張撤離天安門，他們其實並沒有能力分析和理解社會運動的發展所遵循的客觀規律。但是他們信奉「知足不辱，知止不殆」，他們根據這一理性原則，謹慎地運用著手中的權力，力求將學生運動引導至正確方向。如果當時他們能夠阻止「天安門廣場總指揮部」的學生運動領導人改變意見，「天安門慘案」也許是可以避免的。

理解並遵循社會運動發展的不變規律只能始於「理性」。社會運動的暫時勝利激勵著運動參與者熱情似火，社會輿論的讚揚與褒獎使運動參與者躊躇滿志，然而，「過度熱情」與「盲目自信」卻使他們駛入「非理性」的軌道，使他們完全背離了社會運動發展的不變規律，直至如下這種令人震驚的悲劇發生：1989年6月3日，軍隊從北京西長安街進入天安門廣場，苜蓿地是必經之地。那裡聚集了成百上千的群眾，其中還有孕婦和十幾歲的女孩子們。人們只有一個目的：攔住軍車，不要讓軍隊進入天安門廣場。槍聲就在耳邊響起，可是人們仍然不相信武力鎮壓已經開始了。他們中的

大多數認為,那是軍隊為了驅散人群使用的橡皮子彈。無辜的學生和市民在槍聲中倒在了血泊中,直到生命的最後一刻,他們仍然堅信人民的軍隊是不會傷害他們的。這便是「天安門慘案」的真實序曲。

附錄（Appendix）

求證表5.1中的混合策略納什平衡（A Mixed Strategy Nash Equilibrium）

第一部分：

假定政府選擇「次優策略（Sub-optimal Strategy）」的概率是m，選擇「最優策略（Optimal Strategy）」的概率是1-m。

因此，當社會運動參與者選擇「反抗（Resist）」時，他們所得報酬為：

$$mX3 + (1-m)X4 = mX3 + X4 - mX4$$

當社會運動參與者選擇「打退堂鼓（Back Down）」時，他們所得報酬為：

$$mX2 + (1-m)X2 = X2$$

政府不知道社會運動參與者將會選取哪一種策略，但政

府可以創造條件，使得社會運動參與者無論選取「反抗」，還是選取「打退堂鼓」，他們將獲得同樣的報酬。例如：在以下等式中，左邊是社會運動參與者選取「反抗」所獲取的報酬，右邊是社會運動參與者選取「打退堂鼓」所獲取的報酬。

$$mX3 + X4 - mX4 = X2$$

$$m(X3 - X4) = (X2 - X4)$$

$$m = \frac{X2 - X4}{X3 - X4}$$

$$(1 - m) = \frac{X3 - X2}{X3 - X4}$$

第二部分：

假定社會運動參與者選擇「反抗（Resist）」的概率是n，選擇「打退堂鼓（Back Down）」的概率是1-n。

當政府選擇「次優策略（Sub-optimal Strategy）」時，他們所得報酬為：

$$nY3 + (1 - n)Y2 = nY3 + Y2 - nY2$$

當政府選擇「最優策略（Optimal Strategy）」時，他們所得報酬為：

$$nY4+(1-n)Y2'=nY4+Y2'-nY2'$$

社會運動參與者不知道政府將會選取哪一種策略，但社會運動參與者可以創造條件，使得政府無論選取「次優策略」，還是選取「最優策略」，他們將獲得同樣的報酬。例如：在以下等式中，左邊是政府選取「次優策略」所獲取的報酬，右邊是政府選取「最優策略」所獲取的報酬。

$$nY3+Y2-nY2=nY4+Y2'-nY2'$$

$$nY3-nY2-nY4+nY2'=Y2'-Y2$$

$$n(Y3-Y2-Y4+Y2')=(Y2'-Y2)$$

$$n=\frac{Y2'-Y2}{Y3-Y2-Y4+Y2'}=\frac{Y2-Y2'}{Y2-Y2'-Y3+Y4}$$

$$(1-n)=\frac{Y4-Y3}{Y2-Y2'-Y3+Y4}$$

第三部分：求證混合策略納什平衡的結論

在這一組混合策略納什平衡中，政府選擇「次優策略」的概率是 $\dfrac{X2-X4}{X3-X4}$，選擇「最優策略」的概率是 $\dfrac{X3-X2}{X3-X4}$。

與此同時,社會運動參與者選擇「反抗」的概率是 $\dfrac{Y2-Y2'}{Y2-Y2'-Y3+Y4}$,選擇「打退堂鼓」的策略是 $\dfrac{Y4-Y3}{Y2-Y2'-Y3+Y4}$。

參考文獻（Bibliography）

Altman, Roger C. 2009. "The Great Crash, 2008." *Foreign Affairs* 88: 2-14.
Amenda, Edwin, and Yvonne Zylan. 1991. "It happened Here: Political Opportunity, the New Institutionalism, and the Townsend Movement." *American Sociological Review* 56: 250-65.
Amenda, Edwin, Bruce G. Carruthers, and Yvonne Zylan. 1992. "A Hero for the Aged? The Townsend Movement, the Political Mediation Model, and U.S. Old-Age Policy, 1934-1950." *American Journal of Sociology* 98: 308-309.
Amenda, Edwin, Kathleen Dunleavy, and Mary Bernstein. 1994. "Stolen Thunder? Huey Long's 'Share Our Wealth', Political Mediation, and the Second New Deal." *American Sociological Review* 59: 678-702.
Anderson, Margaret L. and Howard F. Taylor. 2007. *Sociology: The Essentials.* Boston, MA. Wadsworth Publishing.
Azjen, I. and M. Fishbein. 1975. "A Bayesian Analysis of the Attribution Process." *Psychological Bulletin* 82: 261-77.
Barkey, Karen. 1991. "Rebellions Alliances: The State and Peasant Unrest in Early Seventeenth Century France and The Ottoman Empire." *American Sociological Review* 56:699-715.
Blaug, Mark. 1992. *The Methodology of Economics or How Economists Explain.* Cambridge: Cambridge University Press.
Boswell, Terry, and William J. Dixon. 1993. "Marx's Theory or Rebellion: A Cross-National Analysis of Class Exploitation, Economic Developments, and Violence Revolt." *American Sociological Review* 58: 681-702.
Brinton, Crane. 1968. *The Anatomy of Revolution.* New York: W. W. Norton.
Brook, Timothy. 1998. *Quelling the People: The Military Suppression of the Beijing Democracy Movement.* Stanford, CA: Stanford University Press.
Burstein, Paul. 1991. "Legal Mobilization as a Social Movement Tactic: The

Struggle for Equal Employment Opportunity." *American Journal of Sociology* 96: 1201-25.

Chiang, Alpha C. 1984. *Fundamental Methods of Mathematical Economics.* New York: McGraw-Hill, Inc.

中國日報。1989年4月－1989年6月。北京，中國。

中國統計年鑒。2009。北京：中國統計出版社。

Chong, Dennis. 1991. *Collective Action and the Civil Rights Movement.* Chicago: University of Chicago Press.

Church, George J. 2005. "China." *Time.com*: http://www.time.com/time/printout/ 0,8816,1074879,00.html [accessed June 23, 2009].

Coleman, James S. 1990. *Foundations of Social Theory,* Cambridge, MA: Belknap Press of Harvard University Press.

Coleman, James S. 1994. "A Vision for Sociology." *Society 32*(1): 29-34.

Conell, Caro, and Kim Voss. 1990. "Formal Organization and the Fate of Social Movements: Craft Association and Class Alliance in the Knights of Labor." *American Sociological Review* 55: 255-69.

Davis, James C. 1971. *When Men Revolt and Why,* New York: Free Press.

Deng, Fang. 1997. "Information Gap and Unintended Outcomes: The Chinese Student Movement." *American Journal of Sociology* 102: 1085-112.

Ding, X. L. 1994, *The Decline of Communism in China.* Cambridge, MA: Cambridge University Press.

Edward, L. P. 1927. *The Natural History of Revolution.* Chicago: University of Chicago Press.

Fearon, James Dana. 1992. *Threats to Use Force: Costly Signals and Bargaining in International Crises.* Ann Arbor, MI: U.M.I. Dissertation Services, A Bell and Howell Company.

Fettweis, Christopher J. 2007. "Credibility and the War on Terror." *Political Science Quarterly* 122: 607-33.

Frey, R. Scott, Thomas Dietz, and Linda Kalof. 1992. "Characteristics of Successful American Protest Groups: Another Look at Gamson's Strategy of Social Protest." *American Journal of Sociology* 98: 368-87.

Gamson, William. 1975. *The Strategy of Social Protest.* Homeward, IL: Dorsey.

Gerhards, Jurgen, and Dieter Rucht. 1992. "Mesomobilization: Organizing and

Framing in Two Protest Campaigns in West Germany." *American Journal of Sociology* 98: 555-95.

Gibbons, Robert. 1992. *Game Theory for Applied Economics.* Princeton, NJ: Princeton University Press.

Goldstone, Jack A. 1996. "State Breakdown in the English Revolution: A New Synthesis." *American Journal of Sociology* 92: 257-322.

Gould, Roger V. 1991. "Multiple Networks and Mobilization in the Paris Commune, 1871." *American Sociological Review* 56: 716-29.

Gould, Roger V. 1993. "Trade Cohesion, Class Unity, and Urban Insurrection: Artisanal Activism in the Paris Commune." *American Journal of Sociology* 98: 721-54.

Gould, Roger V. 1993. "Collective Action and Network Structure." *American Sociological Review* 58: 182-96.

Grant II, Don Sherman, and Michael Wallace, 1991. "Why Do Strikes Turn Violent?" *American Journal of Sociology* 96: 1117-50.

Gurr, Ted. 1970. *Why Men Rebel.* Princeton, NJ: Princeton University Press.

Heckathorn, Douglas D. "Collective Sanctions and the Creation of Prisoner's Dilemma Norms." *American Journal of Sociology* 94: 535-62.

Hedstrom, Peter. 1994. "Contagious Collectives: On the Spatial Diffusion of Swedish Trade Unions, 1890-1940." *American Journal of Sociology* 98: 1157-79.

Hirsch, Eric L. 1990. "Sacrifice for the Cause: Group Processes Recruitment, and Commitment in a Student Social Movement." *American Sociological Review* 55: 243-54.

Hirshleifer, Jack, and Amihai Glazer. 1992. *Price Theory and Applications.* Englewood Cliffs, NJ: Prentice-Hall, Inc.

Hirshleifer, Jack, and John G. Riley. 1992. *The Analytic of Uncertainty and Information.* Cambridge, MA: Cambridge University Press.

Jenkins, J. Craig, and Craig M. Eckert. 1986. "Channeling Black Insurgency: Elite Patronage and Professional Social Movement Organization in the Development of the Black Movement." *American Sociological Review* 51: 812-29.

Karstedt-Henke, Sabine. 1980. "Theories for the Explanation of Terrorist Movements."

In *The Politics of Internal Security,* edited by E. Blankenberg. Frankfurt: Suhrkamp, pp. 178-96.

Kesselman, Mark, Joel Krieger, and William A. Joseph. 2003. "Introducing Comparative Politics." In *Introduction to Comparative Politics,* edited by Mark Kesselman, Joel Krieger, and William A. Joseph. Boston, MA: Wadsworth Publishing, pp. 3-47.

Kirschelt, Herbert P. 1986. "Political Opportunity Structure and Political Protest: Anti-Nuclear Movement in Four Democracies." *British Journal of Political Science* 16: 57-85 Klandermans, Bert. 1994. "Mobilization and Participation: Social Psychological Expansions of Resources Mobilization Theory." *American Sociological Review* 49: 583-600.

Klandermans, Bert. And Dirk Oegema. 1987. "Potentials, Networks, Motivations, and Barriers: Steps Towards Participation in Social movements." *American Sociological Review* 52: 519-31.

Knoke, David. 1988. "Incentives in Collective Action Organizations." *American Sociological Review* 53: 311-29.

Koopmans, Ruud. 1993. "The Dynamics of Protest Waves: West Germany, 1965 to 1989." *American Sociological Review* 58: 637-56.

Kreps, David M. 1990a. *A Couse in Microeconomics Theory.* Princeton, NJ: Princeton University Press.

Kreps, David M. 1990b. *Game Theory and Economic Modeling.* New York: Oxford University Press.

Kreps, David M. and R. Wilson. 1982. "Sequential Equilibrium." *Econometrica* 50: 863-94.

Lewis, Jerry M. and Thomas R. Hensley. 2009. "The May 4 Shootings at Kent State University: The Search for Historical Accuracy." http://dept.kent.edu/sociology/lewis/Lewihen.htm [accessed April 15, 2010].

McAdam, Dong. 1982. *Political Process and the Development of Black Insurgency, 1930-1970.* Chicago: University of Chicago Press.

McAdam, Dong. 1983. "Tactical Innovation and the Pace of Insurgency." *American Sociological Review* 48: 735-54.

McAdam, Dong. 1986. "Recruitment to High-Risk Activism: The Case of Freedom Summer." *American Journal of Sociology* 92: 64-90.

McAdam, Dong. 1988. *Freedom Summer: The Idealists Revisited.* New York: Oxford University Press.

McAdam, Dong. 1989. "The Biological Consequences of Activism." *American Sociological Review* 54: 744-60.

McAdam, Dong, and Ronnelle Paulsen. 1993. "Specifying the Relationship Between Social Ties and Activism." *American Sociological Review* 99: 640-67.

McCarthy, John D. and Mayer N. Zald. 1977. "Resource Mobilization and Social Movements: A Partial Theory." *American Journal of Sociology* 82: 1212-41.

McCarthy, John D. and Mayer N. Zald. 1973. *The Trends of Social Movement in America Professionalization and Resource Mobilization.* Morristown, NJ: General Learning Press.

Macy, Michael W. 1990. "Learning Theory and the Logic of Critical Mass." *American Sociological Review* 55: 809-26.

Macy, Michael W. 1991. "Chains of Cooperation" Threshold Effects in Collective Action."*American Sociological Review* 56: 730-47.

Markoff, John. 1985. "The Social Geography of Rural Revolt at the Beginning of the French Revolution." *American Sociological Review* 50: 761-81.

Markoff, John. 1986. "Literacy and Revolt: Some Empirical Notes on 1789 in France." *American Journal of Sociology* 92: 323-49.

Marwell Gerald, Pamela E. Oliver, and Ralph Prahl, 1988. "Social Networks and Collective Action: A Theory of the Critical Mass. III." *American Journal of Sociology* 94: 502-34.

Moaddedl, Mansoor. 1992. "Ideology as Episodic Discourse: The Case of the Iranian Revolution." *American Sociological Review* 57: 353-79.

Moore, Will H. 1995. "Rational Rebels: Overcoming the Free-Rider Problem." *Political Research Quarterly* 48: 417-54.

Morris, Aldon D. 1981. "Black Southern Student Sit-In Movement: An Analysis of Internal Organization." *American Sociological Review* 46: 755-67.

Morris, Aldon D. 1983. "Birmingham Confrontation Reconsidered: An Analysis of the Dynamics and Tactics of Mobilization." *American Sociological Review* 58: 621-36.

Morris, Aldon D. 1984. *Origin of the Civil Rights Movement: Black Communities Organizing for Change.* New York: Free Press.

Morris, Aldon D., and Cedric Herring. 1987. "Theory and Research in Social Movements: A Critical Review." In *Political Behavior Annual,* edited by Samuel Long. Boulder, CO: Westview Press, pp.103-29.

Morrow. James D. 1994. *Game Theory for Political Scientists.* Princeton, NJ: Princeton University Press.

Mu, Yi, Mark V. Thompson, and China Dissident Collection. 1990. *Crisis at Tiananmen: Reform and Reality in Modern China.* San Francisco, CA: China Books and Periodicals, Inc.

Mueller, Edward N. 1985. "Income Inequality, Regime Repressiveness, and Political Violence." *American Sociological Review* 50: 47-61.

Myerson, Roger B. 1991. *Game Theory: Analysis of Conflict.* Cambridge, MA: Harvard University Press.

Oberschall, Anthony, 1973. *Social Conflict and Social Movements.* Englewood Cliffs, NJ: Prentice-Hall.

Oegema, Dirk, and Bert Klandermans. 1994. "Why Social Movement Sympathizers Don't Participate: Erosion and Nonconversion of Support." *American Sociological Review* 59: 703-22.

Ogden, Suzanne, Kathleen Hartford, Lawrence Sullivan, and Dowid Zweig. 1992. *China's Search for Democracy: The Student and the Mass Movement of 1989.* Armonk, NY: M.E. Sharpe, Inc.

Oliver, Pamela, and Gerald Marwell. 1988. "The Paradox of Group Size in Collective Action: A Theory of the Critical Mass. II." *American Sociological Review* 53: 1-8.

Oliver, Pamela, and Gerald Marwell, and Ruy Teixeira. 1985. "A Theory of the Critical Mass. I. Independence, Group Heterogeneity, and the Production of Collective Action." *American Journal of Sociology* 91: 522-56.

Olson, Mancur, 1965. *The Logic of Collective Action.* Cambridge, MA: Harvard University Press.

Opps, Karl-Dieter. 1988. "Grievances and Participation in Social Movements." *American Sociological Review* 53: 853-64.

Opps, Karl-Dieter, and Christine Gern. 1993. "Dissident Groups, Personal Networks, and Spontaneous Cooperation: The East German Revolution of 1989." *American Sociological Review* 58: 659-80.

Ordeshook, Peter C. 1986. *Game Theory and Political Theory.* New York: Cambridge University Press.

人民日報。1989年4月－1989年6月。北京，中國。

Press, Dary L G. 2006. *Calculating Credibility: How Leaders Assess Military Threats.* Ithaca, NY: Cornall University Press.

Putnam, Robert D. 1988. "Diplomacy and Domestic Politics: The Logic of Two-Level Games." *International Organization* 42, 3, Summer 1988.

Quadagno, Jill. 1992. "Social Movements and State Transformation: Labor Unions and Racial Conflicts in the War on Poverty." *American Sociological Review* 57: 616-34.

Rosenthal, Naomi, Meryl Fingrutd, Michele Ethier, Roberta Karant, and David McDonald. 1985. "Social Movements and Network Analysis: A Case Study of Nineteenth Century Women's Reform in New York State." *American Journal of Sociology* 90: 1023-55.

Scharpf, Fritz. 1988. "A Game Theoretical Interpretation of Inflation and Unemployment in Western Europe." *Journal of Public Policy* 7:227-57.

Shepsle, Kenneth, Arthur Denzau, and William Riker. 1985. "Farquharson and Fenno: Sophisticated Voting and Home Style." *American Political Science Review* 79: 1117-34.

Sin, Gi-Wook. 1994. "The Historical Making of Collective Action: The Korean Peasant Uprisings of 1946." *American Journal of Sociology* 99: 1596-624.

Snow, David A., Louis A. Zurcher, Jr., and Sheldon Ekland-Olson. 1980. "Social Networks and Social Movements: A Microstructural Approach to Differential Recruitment." *American Political Science Review* 5: 787-801.

Snow, David A., E. Burke Rochford, Jr., Steven K. Worden, and Robert D. Benford. 1986. "Frame Alignment Process, Micro Mobilization, and Movement Participation." *American Sociological Review* 51: 464-81.

Snow, David A., Sarah Anne Soule, and Hanspeter Kriesi. 2004. "Mapping the Terrain." In *The Blackwell Companion to Social Movements,* edited by David A. Snow, Sarah Anne Soule, and Hanspeter Kriesi. Oxford: Blackwell Publishing, pp. 3-17.

Spence, A. M. 1973. "Job Market Signaling." *Quarterly Journal of Economics* 87: 355-74.

Staggenborg, Suzanne. 1988. "The Consequences of Professionalization and Formalizationin the Pro-Choice Movement." *American Sociological Review* 53: 585-606.s

Strauss, Robert S. 1987. "Forward." In *The Tokyo Round of Multilateral Trade Negotiations: A Case Study in Building Domestic Support for Diplomacy.* Washington, DC: Georgetown University Institute for the Study of Diplomacy.

Taylor, Michael. 1987. *The Possibility of Cooperation.* New York: Cambridge University Press.

Taylor, Michael, and Hugh Ward. 1982. "Chickens, Whales and Lumpy Goods." *Political Studies* 30: 350-70.

Taylor, Verta. 1989. "Social Movement Continuity: The Women's Movement in Abeyance." *American Sociological Review* 54: 761-75.

Tilly, Charles. 1978. *From Mobilization to Revolution.* Reading, MA: Addison-Wesley.

Tilly, Charles. 2004. *Social Movements, 1768-2004.* Boulder, CO: Paradigm Publishers.

Tirole, Jean. 1988. *The Theory of Industrial Organization.* Cambridge, MA: MIT Press.

Tsou, Tang. 1992. "The Tiananmen Tragedy: The State-Society Relationship, Choices, and Mechanisms in Historical Perspective." In *Contemporary Chinese Politics in Historical Perspective,* Edited by Brantly Womack, Cambridge, MA: Cambridge University Press, pp. 265-327.

Turner, Ralph H. 1991. "The Use and Misuse of Rational Models in Collective Behavior and Social Psychology." *Archives Europeans de Sociologie* 32(1): 84-100.

Useem, Bert. 1985. "Disorganization and the New Mexico Prison Riot of 1980." *American Sociological Review* 50: 677-88. *American Journal of Sociology* 94: 1277-302.

Walton, John, and Charles Ragin. 1990. "Global and National Sources of Political Protest: Third World Responses to the Debt Crisis." *American Sociological Review* 55: 876-90.

White, Robert W. 1989. "From Peaceful Protest to Guerrilla War: Micro Mobilization of the Provisional Irish Republican Army."

Zald, Mayer N. 1992. "Looking Backward to Look Forward." In *Frontiers in Social Movement Theory,* edited by Aldon D. Morris and Carol McClury Mueller. New Haven, CT: Yale University Press, pp. 4-28.

Zald, Mayer N. and Roberta Ash. 1966. "Social Movement Organizations: Growth, Decay and Change." *Social Force* 44: 327-41.

Zald, Mayer N. and Bert Useem. 1987. "Movement and Countermovement Interaction: Mobilization, Tactics and State Involvement." In *Organizational Society,* edited by Mayer N. Zald and John D. McCarthy. New Brunswick, NJ: Transaction Books, pp. 125-56.

Zhao, Dingxin. 2001. *The Power of Tiananmen: State-Society Relations and the 1989 Beijing Student Movement.* Chicago: University of Chicago Press.

Young, Earnest P. 1992. "Imagining the Ancient Regime in the Deng Era." In *Popular Protest and Political Culture in Modern China,* edited by Jeffrey N. Wasserstrom and Elizabeth J. Perry. Boulder, CO: Westview Press, pp. 170-203.

```
國家圖書館出版品預行編目

社會運動的博弈論分析：1989年中國學生運動的意外結局 /
  鄧方著. -- 臺北市：獵海人, 2025.02
    面；　公分
  ISBN 978-626-7588-14-7(平裝)

  1. CST: 社會運動  2. CST: 博奕論  3. CST: 個案研究
  4. CST: 中國

  541.45                                    114000725
```

社會運動的博弈論分析
―― 1989年中國學生運動的意外結局

作　　者／鄧　方
出版策劃／獵海人
製作銷售／秀威資訊科技股份有限公司
　　　　　114 台北市內湖區瑞光路76巷69號2樓
　　　　　電話：+886-2-2796-3638
　　　　　傳真：+886-2-2796-1377
網路訂購／秀威書店：https://store.showwe.tw
　　　　　博客來網路書店：https://www.books.com.tw
　　　　　三民網路書店：https://www.m.sanmin.com.tw
　　　　　讀冊生活：https://www.taaze.tw

出版日期／2025年2月
定　　價／450元

版權所有・翻印必究　All Rights Reserved
Printed in Taiwan